No deserto
Ele me escolheu

Seu amor me guiou.
Minha fé me salvou.

[dedicatória manuscrita:] Su... Que Deus te abençoe sempre! Com carinho!

JISLAINE BORGES MATTEI

No deserto Ele me escolheu

Seu amor me guiou.
Minha fé me salvou.

Certificação de Registro.

Número de Registro: 312236140

Timestamp: 2019-09-25 18:30:51 GMT

Título da Obra: No Deserto Ele me escolheu

Registrado por: Jislaine Borges Mattei (autor)

Tipo da Obra: Livro

Ano de conclusão: 2019

Idioma: Português [BR]

SHA512: 5a169435b5043adf3aac6b33bb86560755b5738f655be510444160e4c4d-
6165c312428a836f7491980eb2b3f1b1ce3a7295c5a6a8efe69854cd9af20000420c5

Meus agradecimentos

Primeiramente, dou graças a Deus, que me amparou em cada passo que eu dei no deserto e que está ao meu lado em todos os momentos da minha vida.

Ao meu querido marido, Rodolfo Mattei, que sempre me incentivou a contar a minha história e me apoiou nos momentos de tristeza que senti ao reviver tudo o que passei.

Agradeço de todo o coração à minha tia que me acompanhou nessa caminhada, pela coragem e por ter me protegido o quanto pode. Respeitando sua privacidade, não vou lhe nomear (mas nós duas sabemos o que passamos juntas).

Aos meus amados pais, Nilcineia e José. Por eles eu vivi essa experiência que me levou a Deus.
Aos meus queridos Gêneses e Iolete. A lembrança dos meus irmãos foi a luz que iluminou a minha vida na dolorosa travessia.
Às minhas queridas tias Elmice e Elci: elas sabem que sempre foram importantes para mim, cada uma do seu jeito.

Aos meus avós Iolete (em memória) e Walter: por tudo o que fizeram por mim e por meus irmãos. Todo o agradecimento será pouco. E por fim, agradeço à minha assistente editorial, Amália M.Laiseca, sem ela eu não teria terminado essa obra.

Setembro, 2019

SUMÁRIO

Laredo, Inferno ou Paraíso?

Estávamos em algum mês do segundo semestre de 2009 e havíamos chegado a Laredo. Silenciosamente vibrei. Sabia que ainda iria atravessar um deserto, mas uma coisa era certa: estávamos no Texas, Estados Unidos! Imaginava que tivéssemos deixado o inferno para trás, junto com o aquele outro país.

Como eu estava enganada!

Eu achei que as coisas iriam melhorar e só enxergava na minha frente o meu objetivo: encontrar minha mãe, tomar um banho, comer e dormir em uma cama confortável.

Quando moramos em uma casa, por mais humilde que seja, temos um colchão, um lençol limpo, travesseiro e nosso pijama.

A gente só sabe o valor de coisas simples da vida quando passamos por momentos tão terríveis como eu passei.

Tudo aquilo era um verdadeiro inferno, mas em nenhum momento eu pensei em desistir.

Mesmo sendo uma coisa muito boa uma cama com lençóis limpos, a vida da gente não pode se resumir a isso e a um prato de comida, três ou quatro vezes por dia.

Eu sabia que o que eu estava buscando era grandioso, e muitas pessoas sonham em fazer o que eu fiz, mas não se arriscam. E muitas outras morrem tentando alcançar.

Hoje sei que as pedras e grãos de areia do caminho que eu percorri guardam as memórias de pessoas tão sofridas como eu, que tinham sonhos como os meus, e talvez seja a maioria, que no final, represente apenas um número: o de indigentes mortos pelo caminho, das estatísticas.

Muitas, mas muitas mesmo, não completam a travessia. Ainda assim, tantas, apesar de todos os avisos e alertas, continuam tentando, como eu tentei.

Por que será?

Só a gente sabe que todo inferno - e as ameaças - que passamos, para cruzar essa fronteira, ainda é melhor que seguir vivendo na condição que estávamos. E a explicação para isso está numa única palavra: ESPERANÇA.

Quando vivemos uma vida dentro de uma bolha de conforto, mesmo sendo miseráveis, e sabemos que não conseguiremos construir nada, atravessar um inferno no meio de um deserto pode parecer a única saída.

Saí da minha bolha para chegar ao meu objetivo de dar um sentido para minha existência e um futuro melhor, não só para mim, mas às pessoas que amo. No meu caso, eu queria uma vida digna também para os meus irmãos. Isso me movia: então havia, apesar de tudo, esperança. Ela nos move nos momentos mais difíceis. E é nesses momentos que sentimos a presença de Deus.

Eu já tinha conseguido mais do que a maioria consegue, porém não era hora de parar e comemorar.

Meus olhos mal abriam, atravessamos a fronteira quando fazia um calor de mais de 40° C ou 104° fahrenheit, como se fala aqui.

Além disso, eu estava coberta por poeira e areia. Meus cílios, sobrancelhas, cabelos, boca, dentes, ouvidos, nariz, tudo estava irritado, ardendo ou coçando.

Sentia areia grudada na minha pele, virando uma crosta úmida, (por causa do suor nas minhas pernas, barriga, costas, peito, pescoço e braços) que me arranhava a cada movimento, a cada passo.

Eu estava com muita fome e cansada, sem banho, comendo dia sim, dia não, apenas uma fatia de pão de forma duro, e me hidratando, na maioria das vezes, só às madrugadas, com o sereno que se acumulava nas folhas da vegetação, desde que cruzamos o México.

Eu não tinha mais noção de quanto tempo havia passado, lembro-me apenas que tinha acabado a minha menstruação quando pegamos o avião para a Guatemala e fizemos a conexão para a Cidade do México.

Sem espelho, nem sequer uma escova de dente, eu só tinha noção do que acontecia com meu corpo pelos nós que eu tive que fazer no cós da minha calça, durante o caminho. Ela ia ficando cada vez mais "comprida", pois não parava na cintura e eu pisava na barra, tropeçando. Por isso, eu imaginava que estava muito magra.

Diversas vezes senti que não chegaria até o meu destino, mas eu precisava encontrar minha mãe, que eu não via há nove anos. E assim que estivesse com ela procuraria pelo meu pai.

O coiote que nos conduzia naquela parte – eles eram muitos e se revezavam. Nunca víamos o mesmo duas vezes - nos levou até a beira de uma estrada. O caminho todo, desde que entramos no deserto do México, só tinha plantas baixas, mirradas e pequenas e os diabos rastejantes, um tipo de cactos rasteiros, que era o terror dos imigrantes que atravessam o deserto.

[1]

De lá iríamos para uma casa, onde esperaríamos a hora certa para cruzar o deserto do lado dos Estados Unidos.

Segundo ele, que nós chamávamos de Estátua da Liberdade por ser o nosso último vínculo com tudo o que passamos até ali, estaríamos a apenas 4 horas do lugar combinado, onde finalmente estaríamos livres para seguir o nosso destino.

Eles se identificavam por códigos e tinham um olhar ameaçador. Falavam conosco o mínimo necessário e com comandos curtos: vamos, corram, abaixem, se escondam.

Acho que o fato de estarmos todos exaustos e quase sem ânimo nenhum fez ele nos prometer que ao chegar à casa, teríamos banho, comida de verdade e cama.

Isso nos deu um alento. Senti até vontade de chorar só de pensar nessas coisas. Ficamos sentados na areia, sem qualquer proteção do sol, esperando chegar o carro que nos levaria até lá, escondidos no mato rasteiro, abaixados, atrás de cactos, tentando não tocar nas plantas espinhosas. Eu já não tinha mais onde me cortar. Eram tantos espinhos cravados nos braços, dedos e mãos, já adormecidos.

---

[1] Diabo rastejante: o terror dos imigrantes que atravessam o deserto. Crédito da foto: www.rndig.com.br

Avistamos um veículo e o "Estátua da Liberdade" nos deu um comando para correr até o carro. Levantamos e corremos, saindo do esconderijo e cercando o veículo, que parou, sem abrir as portas. Percebemos então que não era um dos carros da quadrilha dos coiotes. E o motorista entrou em pânico. Lá é muito comum pessoas portarem armas e ele podia ter atirado contra nós. Rapidamente o coiote percebeu o erro e então ele próprio nos ameaçou com a sua arma, nos fazendo rolar numa pequena ribanceira, em cima dos espinhos.

O carro acelerou e sumiu na poeira da estrada.

Ficamos apavorados, pois, se o motorista nos denunciasse para a polícia, logo estaríamos cercados, e a viagem teria sido em vão.

Esperávamos pela camionete, que tinha vidros fumês e bancos sujos e rasgados. Chegaram mais uns dez homens, que se juntaram ao líder do nosso grupo. Eles traziam outras pessoas. Nosso grupo foi no primeiro carro que chegou. E eles nos lançavam para dentro como se fôssemos pedaços de madeira. Estávamos tão desnorteados que não conseguíamos nem reagir. Eu fui a primeira a ser jogada. Ele ordenou que eu deitasse no assoalho, para que coubesse todo mundo. Como eu era a mais jovem e pequena, passei por isso em todas as etapas da viagem. Não o veríamos mais, provavelmente ele voltaria para pegar outros imigrantes.

O carro rodou por algum tempo, até que finalmente entrou em uma garagem. Outro coiote ordenou que ficássemos parados e em silêncio até que eles mandassem sair. O calor era insuportável e as janelas do carro permaneciam fechadas e sem ar condicionado. Eu estava embaixo dos pés de todos que estavam no banco de trás e quase desfaleci, com falta de ar.

Quando eles checaram as redondezas, então gritaram e abriram as portas, nos empurrando para fora, colocando-nos em fila. Corremos até a porta dos fundos da casa e entramos. Um homem, armado com um rifle e que falava espanhol, indicava o caminho. Percebi que era uma residência e havia pessoas vivendo nela. Passamos rapidamente pela cozinha, suja e fedida, com móveis velhos e quebrados. Atravessamos a sala e nos levaram para um corredor. Subimos as escadas de madeira esperando que eles nos dissessem o que fazer. Chegaram, nos outros carros, mais pessoas que se juntavam a nós, e os coiotes nos dividiam em pequenos grupos, que ficariam juntos no mesmo quarto, de mais ou menos seis ou sete pessoas. Eu, minha tia e o seu namorado, ficávamos sempre juntos, para não nos perdermos. Não veríamos mais os outros do grupo. Os homens armados ordenaram que entrássemos em um quarto e quando o último de nós passou, eles nos trancaram.

Estava escuro e ouvíamos ruídos, como ratos, caminhando pelo pequeno quarto.

Começamos a gritar e chorar, mas ninguém nos atendia. O lugar era úmido e fedia.

Aos poucos nossos olhos se acostumaram com essa penumbra e víamos por uma fresta um pouco de luz.

Em um dos cantos tinham pedaços de roupas sujas de sangue e excrementos humanos.

Havia do outro lado do quarto uma espécie de caixa d'água pequena quase sem água e com lodo no fundo. Nós estávamos com muita sede, fazia três dias que eu não tomava água, nem uma gota. Ficamos desesperados, mas, hesitamos em beber. Não sabíamos quem teria passado por lá e o que teriam feito com aquela água.

Nesse momento, minha tia me abraçou e choramos juntas. Ela me prometeu que daria um jeito de sairmos de lá e logo eu me juntaria à minha mãe.

O seu namorado ficou de cócoras e cobriu a cabeça. Acho que ele chorava escondido.

Além de nós três, havia um senhor gaúcho e duas mexicanas. Eles se juntaram a nós pouco antes de atravessarmos o para o lado dos Estados Unidos.

Algum tempo depois, entrou uma mulher com um balde branco de plástico, muito encardido. Todo o breve tempo que ela permaneceu no quarto, ficou sob a proteção de um homem de rifle do lado de fora. Ela despejou água na caixa, enquanto observamos silenciosos, pois sabíamos que não éramos, exatamente, hóspedes, e sim uma espécie de mercadoria.

Ao fechar a porta, ela nos olhou com nojo e desprezo e disse:

- Es mejor que beban esa agua, o morirán de sed.

Ela tinha razão: nós não tínhamos nenhuma outra escolha. Avançamos todos na caixa d'água. Eu fechei os olhos para não ver o que estava bebendo. A água estava quase morna e com gosto de barro, mas era a primeira vez, desde que cruzamos o rio na fronteira, que conseguimos matar a sede.

Com a exaustão no limite, deitamos no chão e dormimos pesadamente.

Ao acordar, havia perto da porta um prato de plástico azul e sujo, com uma fatia de pão de forma para cada um de nós e um pouco de leite.

E foi assim que passamos oito dias, até que a porta se abrisse e um homem loiro, de olhos azuis, vestido com um terno muito elegante, entrou no quarto e nos disse que estava na hora de irmos para a etapa final da travessia.

Mas tínhamos que escolher: ou de caminhão ou a pé

pelo deserto.

Claro que ninguém quer caminhar debaixo de sol, com um calor infernal mais de 40° no deserto, depois de estar há mais de 15 dias sem tomar banho, lavar os cabelos ou escovar os dentes!

Ele nem esperou a nossa resposta. Disse que de caminhão demorava meia hora para cruzar o último posto da Polícia Federal dos Estados Unidos. Mas a vistoria era minuciosa. Os policiais certamente nos encontrariam, nos prenderiam e nos deportariam e tudo o que havíamos vivido até então, teria sido em vão.

Hoje, eu me pego pensando se havia mesmo essa possibilidade. E se algum de nós tivesse teimado em ir de caminhão, o que eles fariam?

Tudo havia sido tão assustador até esse momento, que não nos atrevemos a contrariá-lo.

Então, ele, com um olhar tranquilo de quem ganha muito dinheiro e não tem nada a perder, falou mansamente que a estimava era fazer a última etapa em apenas quatro horas, se fossemos pelo deserto. E, no nosso caso, estaríamos finalmente livres e voando para Boston.

Sem nem uma "rodada" de pão de forma seco e duro, partimos com apenas um novo Coiote. Dessa vez, deixamos nossas coisas para trás, pois ele disse que tínhamos que estarmos "leves" para andar mais rápido. Fazia sentido, minha mochila era leve, carregava o mínimo possível dentro dela, mas depois de tantos dias caminhando, ela parecia pesar muito mais.

Caminhamos freneticamente por quatro horas... e continuamos a caminhar por todo o resto do dia, pela noite que se seguiu e mais um dia, mais uma noite.

Eu tinha a sensação de que estávamos andando em círculos, o Coiote parecia não saber para onde estava nos levando.

Mais um dia amanheceu e continuávamos no deserto, sem parar de andar, sem comida e sem água. Olhei para o chão e percebi que pingava gotas de sangue da minha calça. Procurei mais algum ferimento novo. Os braços, mãos e rosto, todos lanhados, e minha calça toda rasgada, mas não tinha nenhuma ferida nova. Percebi que era a menstruação. Agora eu sabia que estava há quase um mês nessa empreitada, em busca da minha mãe que morava nos Estados Unidos.

II

Bruni, começo do fim?

Ela não sabia onde eu estava, nem se estava mesmo indo encontrá-la. Da última vez que tinha ligado para minha mãe, de Minas Gerais - Brasil, apenas lhe disse que em breve estaríamos juntas, mas que ela precisava juntar U$14,000.00 (catorze mil dólares) para pagar aos Coiotes.

Desliguei antes que pudesse me dizer algo.

Lembrava-me dela e nesse momento imaginava que estava estendendo seus braços para mim. Era uma miragem, enquanto o sol passava de 45° C/113° F.

Por volta das duas da tarde, eu me joguei no chão. Não aguentava mais caminhar. Não suportava mais o meu próprio cheiro, e chorava copiosamente. Sentia câimbras nas panturrilhas e dores nos joelhos, ombros e quadril. Meus dedos dos pés estavam em carne viva, pois com o suor eles ficavam úmidos o tempo todo, e a pele ficava ainda mais sensível. Com o roçar de um dedo no outro, durante horas, além de sentirem o peso da caminhada, eles ardiam como se pisassem em brasas.

A planta dos meus pés estava cheias de bolhas de água e sangue. Minhas unhas inflamaram, pois roçavam na borda interna do tênis.

Minha tia, o seu namorado, o gaúcho e as duas mulheres, que nos acompanhavam, também caíram estafados. O Coiote insistia que tínhamos que caminhar, que só faltava mais dez minutos. Mas era impossível que isso fosse verdade, não víamos saída daquele lugar!

Eu olhava ao redor até onde minha vista alcançava e não via nada, além de pedras, cactos cheios de espinhos, plantas rasteiras e terra seca.

Não havia uma única árvore para fazer sombra.

O namorado de minha tia discutiu com ele. Começou a questioná-lo se tinha algum um mapa ou bússola, para o caso de se perder. Ele estava sempre na nossa frente e não conseguíamos ver direito o que ele fazia. Perguntou também há quanto tempo ele fazia essa rota pelo deserto, se sabia exatamente onde estávamos. E o Coiote não respondia a nenhuma pergunta com segurança ou nexo. Foi aí que percebemos então que realmente ele estava perdido, ou nos enganando, nos arrastando por aquele caldeirão do inferno.

Não sabíamos se ele estava tentando voltar ao ponto de partida, se era uma tentativa de fazer com que ficássemos estafados e nos abandonar lá ou se realmente tentava chegar ao destino.

Só sei que quando ele não teve mais dúvidas de que não iríamos dar mais nenhum passo, pois pela fome e cansaço não tínhamos mais como prosseguir, ele foi embora e nos abandonou lá, para morrer.

As duas mulheres diziam em espanhol que ele voltaria, mas nós, brasileiros, tínhamos certeza que isso não iria acontecer.

O namorado da minha tia procurava, na areia quente, algum recipiente para colocar a própria urina, para beber. Acho que ele também estava tendo delírios.

De repente ele se virou de costas e andou um pouco para longe de nós. Tentava em vão segurar a própria urina com a mão. Mas ele tremia e não conseguia levar nada até a boca.

Então ele veio até nós e se sentou no chão, também.

Nesse momento eu não conseguia mais sentir as minhas pernas. Minha garganta estava tão seca que parecia estar sendo cortada, com uma faca, ao meio. Meus lábios estavam rachados, cheios de ferida e ardendo. Eu fervia por inteiro e mal conseguia abrir os olhos.

Eu falei para minha tia: - E se ele não voltar? O que vamos fazer?

Talvez minha tia, sem mim, tivesse mais chances de chegar ao destino planejado.

Pedi-lhe para me deixar ali e continuar a sua caminhada.

Um longo silêncio se instalou entre todos nós, e nos entreolhamos com os olhos arregalados. Parecia que nossa hora tinha chegado. Era o nosso fim!

De repente, o gaúcho começou a gritar: - Deus me ajude, tira a gente daqui, meu senhor! Faz um milagre em nossa vida!

A mexicana mais jovem gritava que Deus não existia.

A outra mexicana gritava dizendo que Deus ia guiar o coiote de novo até nós.

O namorado da minha tia se levantou e dava socos no ar, como se estivesse brigando com um ser imaginário, e gritava: - Se você existe, manda agora um anjo aqui para nos tirar desse inferno! A culpa é sua, Deus! Por que me deixou vir até aqui?!

Minha tia também gritava: - Socorro, alguém nos ajude! Meu Deus, não nos deixe morrer aqui, pelo amor de Deus, alguém nos ajude!

Naquela hora, passou um filme na minha cabeça de toda a minha vida.

Eu estava exausta, mas no fundo, não tinha medo. Se eu tivesse que morrer, não tinha problema, Deus é que sabe de todas as coisas. Pelo menos eu ia morrer tentando - eu pensava.

Não, eu nunca pensei em voltar, em desistir. Eu nunca, nem naquele momento me arrependi de ter entrado nesta aventura insana.

Eu bem sei o que eu vivi em toda a minha vida. E na verdade, eu sentia que a saudade dos meus pais já me matara tantas vezes. Essa poderia ser mais uma vez... Ou a última.

Olhei para o céu, de um azul desmaiado, quase sem nuvens, como se eu buscasse um sinal de que Deus estava lá. Tentava rezar o Pai Nosso, mas não conseguia me lembrar de como começava. Sem pensar, fiquei de joelhos, coloquei as mãos em oração, fechei meus olhos e gritei:

- Eu não espero um anjo, eu não quero um milagre, Deus! Só me mostra um caminho, por favor! Só me mostra um caminho! E um dia, muitas pessoas saberão que o senhor me salvou no deserto!

[1]

Ao ouvir isso, todos se calaram. E de novo, se instalou um silêncio profundo.

Eu olhava para o horizonte, e a paisagem "tremia" por causa do vapor que saía da terra em direção ao céu. Eu procurava um sinal do caminho que eu sei que tinha de existir, em algum lugar!

---

[1] Caminho para Laredo: sol escaldante e vegetação rasteira.

Minha tia percebeu que eu estava com a minha cabeça longe.

Ela se arrastou até perto de mim e me abraçou. Disse que eu não podia desistir agora. Então eu percebi que ela tentava não demonstrar seu cansaço, para que eu não perdesse as esperanças. Mas no fundo, ela mesma não tinha mais forças para continuar, então sussurrou no meu ouvido:

- Você não pode morrer! Pense nos seus irmãos, eles não vão suportar saber se algo lhe acontecer! Você tem sido tudo para os pequenos! E seus pais? O quê eu vou dizer para eles? Eu coloquei você nessa aventura mortal, eles não me perdoarão, jamais! Pelo amor de Deus, você tem que continuar!

Ao lembrar-me dos meus irmãos, voltaram-me na memória seus rostinhos na minha despedida. Meus irmãos, que eu tanto amo! Era também por eles que eu estava ali. Senti uma pontada no meu coração. Abaixei o rosto e chorava, sem sair lágrimas, estava totalmente desidratada. Minha tia segurava a emoção e pegou no meu queixo, levantando meu rosto. Perguntou se eu tinha fé.

Apesar de ter sido criada na Igreja, não tinha muito bons exemplos do que era uma fé Cristã. Mas hoje, eu penso que Deus, quando quer falar com a gente, ele não se importa com o que sabemos, somos ou temos. Se permitirmos, ele vai entrar em nosso coração nos momentos mais difíceis da nossa vida, independente de acharmos que merecemos, ou não.

Daí em diante não sei explicar como foi que aconteceu.

Só sei que olhei nos olhos da minha tia e percebi que ela não podia fazer nada por nós.

Então, quem poderia nos tirar de lá?

Nessa hora senti um frio correr pela minha espinha e parecia que alguém tinha injetado mais sangue em minhas veias.

Só lembro que me levantei com uma força sobrenatural e disse a todos eles que eu encontraria uma saída e voltaria para buscá-los.

Andei por algum tempo e parece que novos caminhos se abriam na minha frente. Caminhos que não conseguimos ver quando aquele Coiote covarde e criminoso nos conduzia para a morte. Foi aí que encontrei uma torre de pedra.

- Do alto da torre, poderei ver uma saída! Pensei.

Dei a volta na torre e encontrei uma escada de madeira que me levou até o topo.

A torre deve ter sido construída para que os Coiotes pudessem observar a ação da polícia ou vigiar as rotas dos imigrantes, mas não tinha ninguém por ali.

De lá eu vi uma casinha muito pequenina que estava muito longe, mas muito longe mesmo. Parecia que havia uma ou mais cercas, dividindo o terreno naquela altura. Porém, era uma saída! Lá, pelo menos poderíamos pedir água e continuar caminhando.

Voltei correndo, com o espírito renovado. Encontrei todos prostrados, mas minha tia, seu namorado e o gaúcho se alegraram com a novidade. Já as duas mexicanas disseram que esperariam pelo Coiote.

Eu insisti muito, minha tia e os dois homens também, para que elas nos acompanhassem.

Uma delas era uma senhora idosa, e a outra mais jovem, era sua acompanhante. Elas relutaram e não quiseram nos acompanhar. Era mais que óbvio que ele não voltaria...

Oferecemos ajuda à senhora idosa, não queríamos que ninguém ficasse naquele purgatório.

Eu não compreendia como elas podiam achar que ficar lá poderia ser melhor que seguir adiante. Isso não fazia sentido. E a mulher mais jovem deveria ter motivado aquela senhora a seguir em frente, mas não fez nada.

Não sabemos o nível de desespero das pessoas quando elas sofrem. Internamente talvez ela desejasse morrer ali. É muito triste saber que tantas pessoas sacrificam a vida por um sonho e quando passam pelos piores momentos, perto de alcançar o seu maior objetivo, não conseguem reagir. Simplesmente param e desistem.

Quando estamos em condições normais da vida, isso não tem consequências drásticas, mas ali, no meio do nada, debaixo de uma temperatura extrema, sem água, comida ou qualquer proteção, significava se condenar à própria morte.

Senti um peso muito grande no coração de deixá-las ali, mas elas se negaram a nos acompanhar.

Novamente, e pela última vez, oferecemos ajuda para a senhora mais velha. Ela apenas disse que havia pagado e ele iria retornar, pois ainda tinha dinheiro para receber, quando chegassem lá.

Então partimos, ajudando o Gaúcho, que também era idoso e estava com falta de ar e não conseguia mais caminhar. Eu de um lado carregava-o no ombro, e a minha tia do outro.

Caminhamos cerca de duas horas e já avistávamos bem perto a casinha.

O calor e o cansaço, mais uma vez, estava nos vencendo. Olhei e vi uma mangueira jorrando água num quintal.

Como ali era uma rota comum para imigrantes ilegais, a casa estava do outro lado e teríamos que pular três cercas enormes. Quando vi a água jorrando, não pude me conter. Ajudei o Gaúcho a sentar no chão e subi e desci as três cercas de arame farpado. Peguei a mangueira que estava mole. Parecia derreter com o sol.

A água saía quente, mas era água! E a mais limpa que eu via há quase um mês. Bebi muito, muito! Senti a vida brotando de novo dentro de mim.

Quando procurava algum jeito de levar água para os outros que estavam do outro lado das cercas, o dono da casa apareceu.

Nesse momento pensei que estávamos perdidos. Ele poderia já ter chamado a polícia.

Mas ele ficou comovido com nosso estado. Ofereceu-nos água fresca e nos deu umas latas de comida e disse que fôssemos embora o mais rápido possível, pois a polícia estava rondando o local. Os meus três acompanhantes tiveram que pular as cercas também.

Minha tia perguntou ao homem onde teria um telefone público para falar com minha mãe. Ela poderia nos ajudar, vindo ao nosso encontro.

Ele nos aconselhou a caminhar pela rodovia. Havia um posto de gasolina a aproximadamente uma hora de caminhada.

Então, do outro lado da rua eu vi uma senhora, de cabelos brancos, dentro de uma casa muito grande, com janelas muito amplas. Ela nos observava.

Eu e ela nos entreolhamos por alguns segundos. Daí a senhora pegou o telefone fixo e começou a discar. Parou por um instante e me olhou novamente e, logo depois, retomou a discagem. Eu disse para minha tia que precisávamos sair dali.

E quando estávamos discutindo o que fazer, em menos de cinco minutos, pararam dois carros na nossa frente: eram eles, os policiais.

Quando minha tia os viu, se embrenhou na mata, em direção da estrada.

Os policiais riram com desprezo e disseram:

- Ela volta, nem vamos perder tempo em procurar.

Pode parecer estranho o que eu vou contar agora, mas todos nós, exceto ela, sentimos um enorme alívio.

Enfim, íamos sair daquele pesadelo.

Ela logo voltou como os policiais previram, pois a estrada já estava cercada.

Eles nos colocaram no carro e nos levaram até o escritório da imigração.

Minha tia estava apavorada e no caminho repetia sem parar:

- Não esqueça que seu nome é Maria e você tem dezenove anos! É assim que está no seu passaporte. Não esqueça...

III

Seu nome não é Maria

Minha tia me entregou esse passaporte no Brasil, em Governador Valadares. Era um documento falso e vou contar sobre isso mais adiante. Quando o peguei nas mãos eu o abri, olhei a minha foto e li os dados rapidamente. Lembro que o primeiro nome era Maria. Mas não prestei muita atenção no sobrenome e nem qual era a data de nascimento no documento. Usei-o uma vez, quando saí do Brasil para viajar até a Guatemala, e depois não peguei mais. Ele estava praticamente colado ao meu corpo, numa dessas pochetes de cintura para viajantes, junto de uma foto da minha mãe, comigo, ainda criança, e com meus dois irmãos.

Os guardas utilizaram um detector de metais e confiscaram os canivetes, que o gaúcho e o namorado da minha tia levavam por dentro da roupa, escondido. Fizeram uma revista manual e pediram nossos documentos. Olharam os passaportes e checaram as fotos com nossos rostos. Então nos devolveram e disseram que deveríamos entregar o documento para o agente de imigração.

Aí, eles nos colocaram civilizadamente dentro de uma viatura.

Era a primeira vez, em muito tempo, que eu iria viajar sentada no banco.

Primeiro, ordenaram que o Gaúcho entrasse, depois entrou o namorado da minha tia, ela entrou na sequência e depois, foi minha vez.

O tratamento que a polícia nos deu, ainda que não tenha sido nada caloroso, destoava daquele que recebemos durante toda a nossa jornada, até ali.

Isso me deu uma sensação de conforto e segurança: acontecesse o que fosse pelo menos eles tinham leis e de alguma forma, nós estávamos protegidos.

Fiquei na janela e olhava as pessoas que, tão acostumadas com aquela cena, nem se incomodavam mais.

A viatura da polícia tinha grades que nos separavam dos policiais e a temperatura, dentro do carro, era muito baixa.

Alguns moradores nos miravam com pena, outros com ódio, e outros até aliviados pela chegada da polícia - pois era óbvio que vários imigrantes ilegais, que sobreviveram a essa saga até ali, chegassem com fome e totalmente transformados em selvagens. Era provável que aquelas pessoas não tenham visto em nós seres humanos, e sim animais irracionais, que poderiam invadir, atacar e roubar - desde roupas no varal, até comida e dinheiro. Quem sabe até matar. E nossa aparência contribuía com esse temor.

Ainda, os idosos são presas fáceis, isso justificaria o pânico da senhora que nos denunciou.

Os oficiais fecharam as portas cuidadosamente e imediatamente eu senti como se o meu crânio e os ossos da minha face tivessem se partido ao meio.

Saímos, instantaneamente, de quase 45° Celsius com sensação de mais de 50° para uma temperatura abaixo dos 20°.

Senti uma dor de cabeça muito forte e meu corpo tremia tanto que eu não conseguia controlar meus movimentos. Minhas orelhas pareciam enrijecer e o ar gelado entrava pelas narinas e ouvidos. Minhas pálpebras também endureceram e meus olhos começaram a lacrimejar.

Meus dentes de cima batiam contra os dentes de baixo e meus joelhos batiam um no outro. Senti minha pele enrugar e os pelos do meu corpo e meus cabelos começaram a eriçar.

Pela primeira vez conseguia sentir a textura do tecido das roupas, agora mais folgadas que antes, quando estavam coladas no corpo, pelo suor.

Minhas mãos estavam geladas e meus lábios começaram a ficar roxos.

Olhei para os outros que estavam comigo no banco de trás e todos também estavam arroxeando e tremendo.

Minha tia segurou forte na minha mão, e tanto ela como eu, tínhamos as pontas dos dedos também gelados e escuros. Meu coração parecia bater muito devagar, como se eu estivesse me preparando para hibernar.

Comecei a sentir uma dor diferente nos pés. Eles foram os que mais sofreram durante todo o trajeto: passaram dias e mais dias pisando no deserto, sujeitos a mais alta temperatura em contato com o chão, sustentando, ainda, o peso do meu corpo. E agora, parecia que estavam diminuindo de tamanho e os dedos se encavalavam de frio. As minhas canelas estavam tremendo também. E aquele ossinho saliente do tornozelo, batia um no outro.

O vento gelado do ar condicionado se dividia e subia pelas minhas pernas, por dentro das calças e descia pela minha cabeça, ouvido, nariz, boca e pescoço. E se encontravam na espinha, perto do meu quadril, que também parecia rachar com o choque térmico.

Eu disse à minha tia que precisávamos avisar sobre as mexicanas. Talvez elas ainda estivessem vivas, apesar de tanto tempo debaixo do sol, sem água e sem comida.

O policial que estava no banco do passageiro escutou minha voz e me ordenou em espanhol que eu ficasse em silêncio. Minha tia apertava a minha mão e me olhava com um olhar de cumplicidade. Não podíamos falar, mas a gente conseguia se comunicar assim.

Ela aproximou seu rosto do meu e me beijou na face. Sussurrou que não iria sair do meu lado em nenhum momento e que tudo ia acabar bem.

O policial bateu com a mão na grade, como uma advertência para que ficássemos caladas.

Ela me abraçou forte e sussurrou mais baixo ainda: - Ore.

Fechei os olhos e estava prestes a pedir a Deus mais alguma coisa, quando me lembrei de que não tinha agradecido a ele por ter me conduzido pelo deserto e ter me iluminado por caminhos tão sinuosos, até a torre, e depois até o outro lado das grades.

Até o gaúcho, que não conseguia nem andar, totalmente debilitado a ponto de ter de ser arrastado pelo deserto, por mim e minha tia, havia alcançado passar pelas três grades de altura gigantesca e cheia de farpas! Isso era um milagre. O milagre que ele mesmo havia pedido! E, no entanto, nenhum de nós estava agradecido por isso.

Deus não havia nos colocado no deserto: nós é que nos aventuramos. E agora estávamos lá, pedindo a ele que nos livrasse daquilo que nós mesmos provocamos.

Mas Deus ouviu as minhas súplicas e me usou para nos salvar.

Então, ainda de olhos fechados, agradeci imensamente essa graça. E fiz um pacto, naquele momento, com ele: - Senhor, scja feita a sua vontade aqui na terra como nos céus. O Senhor havia me mostrado o caminho uma vez e então eu iria confiar nele agora e sempre. Ele colocaria no meu caminho não aquilo que eu desejava ou que eu merecia, por que eu nem sabia o que eu podia merecer. Mas ele iria colocar no meu caminho aquilo que eu precisava naquele momento para cumprir a minha palavra. E mais uma vez eu prometi a ele que muitas pessoas saberiam da minha história e como ele era grandioso.

Respirei fundo e senti uma imensa tranquilidade. Era como se tudo, de alguma forma, estivesse resolvido.

Hoje eu sei que essa sensação é muito comum quando a gente tem com um encontro com Deus. Não importa pelo que estamos passando. Nem qual é o inimigo que temos que derrotar. Quando Deus está na nossa vida, simplesmente a gente tem fé e confia.

A gente não sabe como, nem quando, mas no momento certo para Deus, tudo se resolverá.

Temos que fazer a nossa parte.

Quando estávamos abandonados naquele inferno, todos lhe pediram por um milagre.

Mas não adianta só orar. Assim como Moisés foi até o mar Vermelho e ele se abriu, eu andei pelo deserto e novos caminhos também se abriram.

Não foi Jesus que disse: faça a sua parte e eu lhe ajudarei?

Eu estava completamente mergulhada nas minhas reflexões, quando a viatura estacionou no pátio do escritório da imigração.

Eles abriram as portas e ordenaram que saíssemos do carro, nos conduzindo até uma grande sala com várias cadeiras. Um policial armado ficou nos vigiando. Ao entrar lá, passamos por mais um choque. Lá era ainda mais frio que a viatura. Minha tia me abraçou forte, como se tivesse medo de que pudessem nos separar. Ouvi-a chorar.

Depois de alguns minutos, entraram oito policiais, dois policiais para cada um de nós. Pediram novamente nossos documentos e nos separaram uns dos outros, nos colocando em um corredor imenso, cheio de portas.

Confesso que nesse momento me desesperei. Agarrei a mão da minha tia, que também me puxava, mas eles nos levaram para lados opostos. Iríamos ficar em salas diferentes. Eu chorava e minha tia gritava:

- Não esquece tudo o que eu lhe disse, Maria! Maria! Minha sobrinha de dezenove anos! Seu nome é Maria, minha sobrinha de dezenove anos!

De repente a voz da minha tia se calou e me colocaram numa sala ainda mais gelada!

O que teria acontecido com ela? O frio era tanto que as pontas dos dedos dos pés e das mãos adormeceram, como a ponta do meu nariz e as orelhas.

Eu estava sozinha, diante de uma mesa de escritório e alguém viria me fazer perguntas. Passou algum tempo sem que ninguém aparecesse, não sei quanto, mas parecia uma eternidade.

De repente, me lembrei do Pai Nosso. E com as mãos postas em oração, comecei a orar com muita fé.

Eu precisava manter vivo no meu coração o pacto que eu fiz com Ele, para não me perder no desespero. Respirava fundo. Terminava um Pai Nosso e emendava no outro. Repetia: - Seja feita a vossa vontade... Aos poucos fui me acalmando e tomando posse das minhas emoções novamente, mas uma sensação de entorpecimento tomava conta de mim. Era fome, cansaço e frio.

De repente a porta se abriu e entrou um homem. Ele olhou para mim, sorriu e me cumprimentou em um português tão perfeito que pensei que fosse brasileiro.

Era alto e calvo.

Sentou na minha frente e me analisou por alguns segundos.

Então ele se apresentou, porém eu não ouvi muita coisa que ele dizia, porque estava tonta de fome e meio letárgica, por causa do frio. Ele me falou o nome dele, mas eu não me lembro.

Só me recordo que ele disse que era filho de uma brasileira com americano e era agente de imigração.

- Você tem noção de como está? Disse ele.

Eu sacudi em sinal negativo, com a cabeça abaixada, de braços cruzados e toda encolhida.

Ele abriu uma gaveta, pegou um pequeno espelho e me olhou indeciso. Fazia pelo menos trinta dias que eu não me enxergava. Colocou o espelho de volta na gaveta e a fechou.

- Acho que não é hora de você se mirar no espelho. Vai se assustar. Ele disse isso com certo peso na voz.

Comecei a chorar. Ele se levantou e trouxe um copo d'água para mim.

Sentou de novo e continuou a me olhar. Perguntou se eu estava com fome e empurrou em minha direção uma barra de chocolate que tinha em cima de sua mesa.

Eu olhei ressabiada.

- Pegue - disse ele.

Quando eu estendi o braço e peguei a barra, ele percebeu que estava tremendo e com os dedos roxos. Mal conseguia abrir a embalagem.

Ele pegou a embalagem e gentilmente a abriu para mim.

- Sei que está muito frio aqui dentro e que é um choque para quem esteve tantos dias no deserto escaldante, como você. Mas isso é necessário para a nossa proteção, pois você deve trazer muitas bactérias e micro-organismos da terra.

Ele fez uma pausa, pegou meu passaporte e abriu. Então, olhando dentro dos meus olhos se inclinou para mim e me perguntou:

- Qual é o seu nome?
- Ma... Maria. Gaguejei, desviando o olhar.
- Maria do quê? Perguntou ele de forma desconfiada.

Eu não me lembrava do sobrenome que constava no passaporte. Arregalei os olhos e entrei em estado de alerta, por algum tempo não senti mais frio, nem fome, nem nada. A adrenalina estava de volta.

- Qual é seu sobrenome, Maria? Não sabe?

Eu olhava para cima, para os lados, para trás, como que instintivamente buscava uma forma de fugir dali.

- Esqueceu o sobrenome - anotou em uma folha de papel que estava sobre a mesa - Deve ser trauma da viagem - Ele disse em tom irônico.

- Acho que sim. Eu disse bem baixinho.

- E sua idade, Maria? Quantos anos vocês tem?

- Dezenove! Disparei aliviada. Até que enfim ele perguntou algo que eu sabia responder.

- E qual é a data do seu nascimento? Perguntou ele em seguida.

Eu olhava de novo para todos os lados e não consegui responder. Não tinha a menor ideia do que estava escrito naquele passaporte falso.

Mais um tempo em silêncio e ele só me observava. Quantos anos ele teria de experiência nesse trabalho? Parecia tão experiente e seguro.

Inclinou-se ainda mais para mim, levantando da cadeira e apoiando as mãos na mesa, e com uma voz mais firme e um semblante ameaçador me inquiriu:

- Seu nome não é Maria e você não tem dezenove anos! Ele começou a picar o passaporte na minha frente e meu coração veio à boca. Senti um calor percorrer o meu rosto como se estivesse queimando. Não conseguia nem respirar.

- O que o senhor está fazendo? Gritei apavorada, senti o suor minar das minhas mãos frias.

- Estou livrando você de ser presa por documento falso. Você sabia que aqui nos Estados Unidos as leis são diferentes e você seria condenada e presa por isso?

- O que vai acontecer comigo agora? Perguntei suspirando em lágrimas.

- Não sei, depende do que você vai me contar. Vai colaborar comigo? Disse ele, sentando-se e reclinando na cadeira, cruzando as mãos sobre o ventre.

- Vou contar tudo, mas antes só preciso de duas coisas. Eu disse sem pensar.

- Eu não deveria lhe dar essa moral, mas não sei por que, vou quebrar o seu galho. O que é?

[1]

[1] Polícia da Fronteira dos EUA. Fiscalização e resgate. Crédito foto: https://www.buzzfeed.com

A primeira é que há duas mulheres mexicanas no deserto que estavam conosco. Elas devem estar quase mortas. Alguém precisa tirá-las de lá. Elas estão a uns seis ou sete quilômetros depois de uma torre de pedra, do outro lado das três cercas. Por favor, vocês precisam salvá-las!

Ele pegou o rádio e passou imediatamente a informação para que os policiais que faziam a ronda naquela região pudessem tentar o resgate.

Só Deus sabe o tamanho do meu alívio, naquele momento.

- Vamos tentar salvá-las, mas é bem improvável que ainda estejam vivas. Sabe que você poderia ter morrido nessa travessia? Tem noção dos perigos que vocês enfrentaram? Não sei qual é a sua religião - disse ele - mas pode começar a acreditar em milagres, porque só isso explica a sua vida e dos outros que chegaram até aqui. Esse calor que está fazendo lá fora é completamente anormal.

Eu abaixei a cabeça e agradeci, silenciosamente, a Deus por isso.

- E qual é o outro pedido?

- Preciso saber onde está a minha tia e o que vai acontecer com ela.

- Sua tia vai ser deportada. Ela já esteve nos Estados Unidos antes e teve a chance dela. Não soube aproveitar.

Eu comecei a chorar baixinho.

- Posso me despedir dela? Perguntei.

- Claro que não! Isso aqui não é uma excursão à Disney. Você está sob a custódia do governo dos Estados Unidos. E eu fui bonzinho com você, até esse momento. Agora, me conte como você chegou até aqui. E quero toda a verdade, ou eu não vou poder lhe ajudar!

#

- Meu nome é Jislaine Borges da Silva, eu nasci em 19 de agosto de 1992.

E esse é o começo da história: saí do Brasil com dezesseis anos.

- Onde você nasceu?

- Nasci em uma cidade chamada Resplendor, no interior de Minas Gerais e aos onze anos fui morar em uma fazenda no interior de Goiás, de onde saí quando decidi vir para cá.

- Por que você decidiu fazer isso? Perguntou ele.

- Eu vim procurar a minha mãe, que mora aqui, nos Estados Unidos.

- Você é filha única?

- Não, sou a mais velha de três filhos.

- Você morava com quem em Goiás?

- Meus avós maternos e meus dois irmãos.

- Onde o seu pai mora?

- Aqui nos EUA, também.

- Por que você decidiu vir ilegalmente?

- Não me deram o visto! Tentei duas vezes. E disseram que era justamente porque eles já estavam aqui...

-    Entendo - falou baixando a cabeça.
-    Essas leis são muito cruéis. Eu sou uma filha que precisa buscar a sua mãe! Meus pais estão morando aqui desde que eu tenho sete anos. Meu irmão tinha quatro anos, quando eles foram embora. E a pequena, minha irmã mais nova, tinha um ano.

Comecei a chorar, enquanto procurava na minha pochete as últimas fotos que eu tirei com a minha mãe.

Peguei-as nas mãos e abracei, como se ela e meus irmãos estivessem comigo naquela hora.

-    Não tem uma noite que eu não me lembre dos meus irmãos. Que eu não chore por eles. Pedi tanto a Deus que me deixasse viva para que eu pudesse ajudá-los de alguma forma, um dia. E cansei de esperar pela minha mãe. Esperei por ela todos os dias da minha vida, desde que ela se foi.

[1]

_____

[1] Foto de família no Instagram: eu e meus irmãos.

Minhas lágrimas minavam sem que eu pudesse me conter.

Havia passado tanto tempo lutando pela minha sobrevivência que eu não podia dar vazão aos outros sentimentos, muito embora meus irmãozinhos estivessem sempre presentes na minha memória e no meu coração. E a esperança de encontrar a minha mãe era a luz que me guiava pelo caminho. O agente se emocionou e disfarçadamente enxugou uma lágrima no canto dos olhos. Levantou e voltou com outro copo d' água. Acho que ele fez isso para dar um tempo na nossa conversa e eu poder me recuperar dessa emoção.

Eu aproveitei para respirar fundo e tentar ordenar minhas ideias. Mas aquele frio era perturbador.

- Quando você saiu de Goiás?

- Saí no dia 10 de maio.

- Desse ano?

- Sim.

- Dez de maio de 2009 - falava enquanto escrevia. Como você saiu de lá?

- Minha tia, que morava em Minas Gerais, veio nos visitar. Ela chegou dirigindo a sua camionete S-10. Na verdade, ela veio se despedir, porque tinha resolvido viajar ilegal para os Estados Unidos. Ela já tinha morado aqui um tempo. Resolveu voltar. Mas não contou para ninguém que seria uma despedida. No dia que ela chegou à fazenda me chamou no quarto e me contou sobre a viagem. Ela sabia da minha determinação de vir. Perguntou se eu queria acompanhá-la e eu aceitei na hora. Disse-me ainda que iríamos correr alguns riscos, mas que eu podia ficar tranquila, pois ela sabia como chegar até minha mãe. Naquela noite, quando ela e meus avós foram dormir, chamei meus irmãos. Disse-lhes que havia tomado uma decisão e contei que viria buscar a mamãe e depois voltaria para cuidar deles. Pedi que orassem por mim, pois eu iria fazer uma coisa muito difícil e arriscada, mas era por nós três. Meu irmão não quis aceitar isso e se trancou no quarto. Ele chorou muito.

Eu abracei minha irmãzinha e choramos. Ficamos assim por um longo tempo. Quando meu irmão se acalmou, saiu do quarto e nós três continuamos abraçados, sentados no sofá da sala, até que chegou a madrugada. Foi então que minha tia veio até nós e disse que estava na hora de partir. Peguei minha mochila e me despedi deles. Entramos na S-10 e assim fomos até Minas Gerais.

- Sua tia já tinha feito esse trajeto no deserto? E teve coragem de ir embora e se dispôs a passar por tudo isso de novo?!

Ele parecia não acreditar nessa loucura.

- Quando ela veio da primeira vez, foi muito mais fácil. Ela me contou que demorou apenas cinco dias e os coiotes não a maltrataram como dessa vez.

- Entendo. Disse ele, balançando a cabeça.

- Agora a fiscalização está muito mais forte, obrigando aos imigrantes a fazerem trilhas mais perigosas e longas e pagarem muito mais caro. Respondi esfregando as mãos nas pernas e braços, pra me esquentar.

O agente me olhava com pena. Levantou-se de novo da sua cadeira e saiu da sala, enquanto eu fiquei com meus pensamentos. Quantas histórias de gente sofrida esses oficiais da imigração devem ouvir?

Deve ser desafiador ver tanto sofrimento de tão perto e não poder fazer nada, além de seguir o rigor da lei.

Uma coisa é a gente saber que em algum lugar, muito longe de nós e de nossa realidade, pessoas estão morrendo, passando fome e sem ter nem água potável para beber. É muito incômodo saber disso, mas a gente tem o poder - egoísta - de se distanciar dessas coisas.

Se você está assistindo a um noticiário, lendo uma revista, ouvindo o rádio ou acessando pelo celular um vídeo ou fotos a respeito de coisas que lhe entristecem, basta trocar a estação, fechar a revista, mudar o canal, abrir um aplicativo de jogos no celular e tudo sumirá magicamente da sua vida.

Aquelas pessoas estarão lá ainda, sofrendo, chorando e gemendo, porém você já não estará mais conectada a elas.

Outra coisa bem pior é saber que enquanto você dorme, após um banho quente e demorado, numa cama macia, com lençóis limpos e de barriga cheia, pessoas a poucos quilômetros de distância estão passando por coisas terríveis.

E algumas estão tão próximas que podem até ameaçar a sua vida, por conta de desespero, porque o sofrimento delas virou uma coisa tão banal para o resto do mundo, que elas, mesmo ali, são invisíveis, como seres humanos.

Por outro lado, eu também sei que é insuportável viver a dor de ser ignorado diante dos outros, ou muito mais grave que isso, saber que a sua simples presença é motivo de desconforto e medo.

Pessoas nessa situação passam a ser como bichos ou pragas que comprometem a liberdade de ir e vir e a paz dos bem nascidos. E destroem, pouco a pouco, na opinião de muitos, o sonho americano.

Mas isso não é verdade. Não fossem os imigrantes, inclusive os ilegais, muitos serviços, produtos e comodidades não existiriam nas grandes metrópoles do mundo inteiro.

É claro que há pessoas ruins de fato, tentando entrar em países prósperos, de economia estável e de status. Bandidos e traficantes, golpistas e prostitutas, viciados e maníacos de toda a espécie. Terroristas e assassinos.

Mas acredite: eles passam muito mais facilidade pelas fronteiras que nós, que só queremos viver com dignidade em um país que tenha oportunidades para todos.

Somos pessoas de bem e viemos de "países do futuro", cheios de promessas de uma vida melhor, que nunca chega. De uma justiça social que não acontece. Com uma tecnologia que não está a nosso favor. Uma medicina que não nos cura. Um trabalho que não nos enobrece. Uma escola que nos emburrece. Uma cultura que nos limita.

E vemos nossos pais, tios, avós, vizinhos fazendo esforços durante toda a vida esperando que esse futuro prometido chegue. E isso não se cumpre. É sempre: amanhã, amanhã e amanhã.

Até quando?

Eu ainda tenho, hoje, as fotos que levei na pochete.

Hoje eu sei o quanto foi difícil para meus pais tomarem a decisão de nos deixar no Brasil e tentarem uma vida melhor em outro lugar, tão longe.

Quando eles se foram eu fiquei com um olhar perdido, sempre olhando para o horizonte, ou para a porta, esperando eles voltarem.

Eles eram tão jovens e bonitos, mas estavam tão cansados de tanto sofrimento e falta de perspectiva.

Meus irmãos eram muito pequenos para saber o que estava acontecendo.

Enquanto me perdia nos meus pensamentos, a letargia voltava e eu parecia estar adormecendo. Fechei os olhos e ouvi, longe, passos.

[2]

O agente voltou à sua cadeira, e o cheiro de café quente me despertou.

- Beba, isso vai lhe aquecer um pouco.

Era um copo grande, cheio de café. Mas o café era fraco. Ele trouxe uns saquinhos de açúcar e uma pazinha para misturar. Abri rapidamente todos os saquinhos e joguei os pequenos cristais dentro do copo.

- Vai com calma - riu o agente - vocês brasileiros adoçam demais o café!

Eu agradeci a gentileza. Como eu precisava disso! Uma bebida quente e fresca. Enquanto eu bebia, ele me fazia mais perguntas.

- E você teve contato com seus irmãos depois que saiu de Goiás? Perguntou, enquanto voltava à sua cadeira.

---

[2] Foto de família no Instagram: Minha mãe, eu e minha irmã.

- Não... nem tentei com medo de meu avô atender ao telefone. Eu o conheço e tenho certeza que ele ficou muito bravo com a minha fuga. Sei que ele fez o melhor que podia por mim, enquanto eu estava lá, e que talvez ele nunca me perdoe pelo sofrimento que eu causei a ele e a minha avó, fugindo. Respondi mais calma.

- Então seus avós não sabem que você veio para cá?

- Eu não contei, nem deixei nenhuma carta, nem nada. Não sei se meus irmãos contaram depois. Voltei a chorar.

- Ok. E você achou que ia ser fácil e que tudo ia acabar bem, não é?

- Senhor, eu morei em uma fazenda dos onze aos dezesseis anos. Uma vida sem perspectivas. Nunca me faltou o que comer, mas era um lugar muito isolado. Viver longe dos meus pais era uma verdadeira tortura para mim. Por isso, eu não achava nada. Eu só queria que me tirassem daquele inferno. Queria cursar uma faculdade e ter o direito de sonhar com um lindo futuro.

- Você saiu de um inferno e veio parar em outro. Provocou ele.

- É verdade, o senhor tem razão. Mas esse inferno tinha uma promessa de que se conseguíssemos atravessá-lo, entraríamos no paraíso. Todo o nosso sofrimento ficaria no passado, algum dia. Enquanto o outro...

Ele parou de escrever e ficou me olhando. Eu me calei e ele sabia muito bem a que eu me referia.

- Você se acha muito esperta, não é menina? Provocou novamente.

- Não senhor. Eu saí de lá sabendo que eu não sabia nada. Mas tinha noção de que o mundo é muito maior que qualquer fazenda do meu Goiás. E um coice de vaca brava deve ser o menor de todos os problemas do mundo.

Ele sorriu e me disse:

- Beba logo seu café, vaqueira. Não o deixe esfriar. Você ainda tem muito que me contar.

Uma cidade chamada Governador Valadares

- Então vocês saíram de Goiás e viajaram de carro até Minas Gerais, certo? Perguntou ele.
- Sim. Saímos de Alexânia, Goiás, e viajamos por umas treze ou quatorze horas. Talvez até mais. Cochilei uns trechos. Não tenho bem certeza.
- E como se chama a cidade para onde foram?
- É onde a minha tia morava, deixe tentar me lembrar... o bairro é... Horto... Horto Vinhático. Isso mesmo! E a cidade é Geraldo da Piedade. Fica a uma hora de Governador Valadares. É uma roça, sei que pegamos algumas estradas, passamos por Val paraíso, Luziânia, e Paracatu em Goiás e Três Maria e Curvelo, já em Minas Gerais, antes de chegar à roça. E quando estávamos já perto, antes de Governador Valadares, pegamos umas estradinhas de terra por um longo tempo. Passamos por vias que atravessavam matagais, plantações. E tinham muitas pastagens de boi, fazendas, sítios, vilarejos.

Acho que foram mais de dez mil quilômetros. Paramos apenas para descansar e comer. Fomos direto.
- E quem ajudou vocês a encontrarem os Coiotes?
- Isso é uma longa história...
- Não tem problema, não estou com pressa, pode começar. Disse ele, cruzando os braços e inclinando sua cadeira para trás, se balançando.
- Minha tia e eu fomos conversando pelo caminho, na viagem, sobre as possibilidades que teríamos para chegar até Boston.
- Ela não conseguiria passar pelo serviço de imigração dos aeroportos. Ele adiantou.
- Sim. Disse eu.
- Sim? Ele perguntou.
- Não, ela já sabia que não conseguiria passar. Estou apenas concordando com o senhor- nós dois rimos.
- Prossiga.
- Mas ela queria que eu entrasse pelo jeito mais seguro possível. Pela porta da frente.

[1] Estrada de terra a caminho de Governador Valadares
Crédito foto: https://viagemeturismo.abril.com.br/cidades/conceicao-do-mato-dentro/

- Você quer dizer pelo aeroporto, com a documentação direitinha? Perguntou o agente.

- Direitinha, não ia ter jeito, porque já tinham me negado o visto como eu já falei... Eu respondia enquanto tentava raciocinar a respeito. A situação era complicada e ainda eu estava meio lerda.

- Então, como você iria entrar "pela porta da frente"? O que você quer dizer com isso?

- Eu estou querendo dizer que eles iriam tentar um visto para que eu pudesse usar o meu passaporte.

- Eles quem? Quem mais estava envolvido nessa história?

- Não sei ao certo. Só sei que minha tia tinha algumas indicações de pessoas que diziam ter contatos com quem fazia o transporte ilegal de imigrantes. Eles prometiam resolver todas as questões que eram necessárias e colocariam a gente para dentro dos Estados Unidos. No meu caso, iriam tentar um novo visto.

- Um visto falso? Ele quis saber.

- Também não sei... talvez eles tivessem algum contato na Embaixada ou Consulado dos Estados Unidos.

- Hum... acho impossível. O mais provável é que iriam tentar falsificar o visto. Geralmente isso é feito de forma tão grosseira que você seria presa no desembarque e depois deportada. Se fosse fácil assim esse tipo de manobra, não teriam tantas pessoas atravessando o deserto e arriscando suas vidas.

- Esse é outro assunto do qual eu também não sei nada. Só sei que havia uma possibilidade e nós torcíamos para que pudesse dar certo.

- Mas pelo jeito não deu, não é? Mas, continue, o que aconteceu então?

- Ficamos durante uma semana indo e vindo da roça,

da casa da minha tia para Governador Valadares, em busca de resolver nossa situação. Primeiro tentamos essa possibilidade de conseguir um visto para mim. Fomos encontrar um homem em uma lanchonete, que foi recomendado por um desses contatos. Chegando lá, sentamos ao fundo, como o nosso contato nos ordenou, para que ninguém nos escutasse. Ele chegou, e parecia ser uma pessoa normal, comum. Foi muito simpático e disse que seria fácil. Falou que naquela semana já havia enviado várias pessoas do mesmo jeito para cá. Pediu meu passaporte e um dinheiro para minha tia.

- Quanto?
- Não sei. Eu não paguei nada.
- Quanto dinheiro você levou consigo quando saiu de Goiás?
- Nenhum. Respondi.
- Nenhum?! Ele perguntou surpreso.
- Não tinha nada, nem uma moeda sequer. Meu avô me dava tudo o que eu precisava, e eu ajudava minha avó na casa e cuidava dos meus irmãos.
- E você não viu quanto a sua tia pagou?
- Não. Eu saí para ir ao banheiro e quando voltei a vi apenas pegando um dinheiro na bolsa. Ela contou rapidamente e entregou ao homem. Ele anotou o telefone da minha tia e disse que entraria em contato no dia seguinte, marcando uma nova data para a entrega do documento. Passou um número para ela ligar, caso ele demorasse a responder.
- E o que aconteceu em seguida?
- Esperamos a ligação dele no dia seguinte, e no outro também. E nada. Então minha tia resolveu ligar para o número que ele passou e ninguém atendeu. Ela chamou várias vezes, sem resposta. Daí, fomos procurar o contato que havia indicado esse homem e ele também sumiu. Fugiram com o

dinheiro dela e com o meu passaporte.

- Naturalmente seu passaporte poderia até não servir para entrar nos Estados Unidos, mas para outros locais, ele era muito valioso. Passaportes brasileiros são muito negociados no mercado de falsificação de documentos. E então você resolveu fazer a travessia, certo?

- Não, ainda não tinha decidido isso. Tentamos novamente com outro contato da minha tia.

- Como foi? Ele franziu a sobrancelha. Governador Valadares era uma cidade que tirava o sono do serviço de imigração Americano - e continua tirando.

- Voltamos até a cidade e dessa vez um homem muito grosseiro nos encontrou numa cafeteria. Ele me ofereceu um passaporte Italiano. E não estava preocupado em esconder nada. Sequer falava baixo. Pediu U$15,000 e disse que não se responsabilizaria por nada.

- E você não aceitou?

- Claro que não! Eu já tinha ido ao Consulado Americano e tudo lá é informatizado e digitalizado. Eles tinham no sistema as minhas digitais e a minha foto. Eu sabia que quando pisasse no aeroporto de qualquer cidade americana e colocasse meus dedinhos no leitor eles saberiam quem eu era: Jislaine, brasileira! Posso ser ingênua, mas não sou burra.

O agente riu. - E então?

- Então, que o tempo estava passando e minha tia estava preocupada com essa demora, pois ela já tinha combinado a ida dela pelo deserto. Ela me disse que eu só tinha uma saída: ir com ela e cruzar a fronteira a pé.

- E você não ficou com medo?
- Não! Ela me disse que da primeira vez tinha sido muito fácil e que em uma semana estaríamos em Boston, com a minha mãe. Não pensei duas vezes. Eu disse para ela que podia pagar minha ida que quando eu chegasse lá ia pegar o dinheiro com a minha mãe. Ela falou para eu não me preocupar com isso, naquele momento. Voltamos para a roça e ela seguiu resolvendo tudo, até o dia da nossa partida.

Missão: Cruzar a fronteira do México com os EUA

Na conversa com o agente de imigração eu relatei tudo o que vivi nessa jornada, até o dia em que fomos apanhados.

Eu vou continuar contando para vocês tudo o que eu disse a ele, e muito mais: coisas que eu vivi depois que ele tomou a sua decisão, e como isso transformou para sempre a minha vida.

Voltando à etapa em que estávamos ainda em Governador Valadares, minha tia continuou a procurar alguém em quem pudéssemos confiar.

Ela andava muito tensa, pois tinha me tirado da casa dos meus avós e agora eu precisava acompanhá-la de qualquer jeito.

Eu lhe dizia que não tinha mais volta. Para mim, até aquele momento, eu já tinha feito o mais difícil: abandonei meus irmãos e trai a confiança dos meus avós, fugindo.

Então, agora, eu tinha que ir com ela. A gente precisava dar um jeito de resolver tudo o mais rápido possível.

Íamos e voltávamos da cidade duas vezes por dia, sem resolver nada.

Até que na quinta-feira, alguém nos indicou um intermediário, no Brasil, dos coiotes que faziam o transporte ilegal de pessoas do México para os EUA e nos deu um endereço para que fossemos falar com ele, naquela mesma hora.

Sem pensar, corremos até lá.

Era uma rua em uma zona nobre da cidade, cheia de mansões e carros importados.

Quando chegamos ao endereço, não podíamos acreditar que lá fosse o lugar, mas tínhamos que tentar.

Ao chegar lá, tocamos a campainha de um interfone com câmera e uma voz de homem atendeu.

Minha tia falou que era sobre uma viagem para os Estados Unidos e a porta se abriu automaticamente.

Entramos por um corredor estreito e curto e a mesma voz, por um interfone do lado de dentro ordenou que fechássemos a primeira porta para que a próxima se abrisse.

Assim que passamos pela segunda, havia dois homens armados que fizeram algumas perguntas e então um deles nos conduziu por um jardim muito bem cuidado.

A mansão era toda branca e cheia de portas e janelas de vidro. Parecia um palácio.

Na frente, havia três ou quatro carros enormes importados.

Passamos então pela terceira porta, que era alta e larga.

Ele nos levou até uma sala, também toda branca, com uma mesa grande e comprida e mandou puxar duas cadeiras, sentar e esperar pelo patrão.

Os lustres da entrada e da sala eram de cristal e os móveis, os mais bonitos que eu tinha visto em toda a minha vida.

Ficamos lá esperando por algum tempo, até que um homem todo cheio de correntes, pulseiras e anéis, com uma camisa com estampa de flores de cores extravagantes, veio de dentro de uma sala, abrindo uma porta balcão.

Ele sorriu e um dente de ouro apareceu na sua boca, embaixo de um bigode farto.

Pensei que fosse mexicano, mas, quando ele começou a falar, vi que era brasileiro.

Conversou um pouco nos contando sobre a maravilha que era morar nos EUA e como era fácil a imigração ilegal.

Mostrava mensagens no seu celular de pessoas que ele dizia que tinham feito a travessia e contavam como estavam bem lá.

Outras que escreviam para dizer o quanto tinha sido tranquilo e rápido.

Ainda havia as que achavam muito barata a viagem, comparada aos benefícios que estavam colhendo, após a chegada.

Ele era um bom vendedor.

Depois do seu quebra-gelo, então ele entrou na parte "técnica" do seu trabalho e da negociação.

Disse que tudo era muito simples, mas para que corresse tudo da melhor forma, algumas coisas tinham que ficar bem explicadas.

Falou que não seria possível fazer a viagem diretamente para o México, pois, como esse país estava servindo de rota para estrangeiros entrarem no país vizinho, as pressões externas estavam muito fortes e, eles começaram a dificultar as coisas.

- Se vocês tivessem vindo antes... Disse ele sorrindo.

Depois descobrimos que não eram sós as questões externas e sim a burocracia e a corrupção que estava dificultando tudo ainda mais.

Como vou contar adiante, o tráfico de pessoas é uma indústria que sustenta muita gente, em vários lugares diferentes. Ele abriu um caderno e analisou as datas disponíveis. Então disse que se queríamos mesmo partir, ele poderia nos ajudar, mas tínhamos que estar em Guarulhos - São Paulo em dois dias.

Aí passou a falar de valores e condições de pagamento.

Ele e minha tia começaram a negociar e depois de alguma discussão, ela ofereceu seu carro seminovo como garantia de pagamento.

Deixaria o carro com uma pessoa de confiança dela que, caso não pagássemos depois da chegada ao destino, ele seria entregue a ele. Mas, ela prometeu que quando chegássemos ao destino, honraríamos o compromisso.

Minha tia foi muito corajosa, pois empenhou sua palavra em U$ 32,000. 00.

Esse valor seria pago pela viagem de três pessoas: eu, minha tia e seu namorado.

Soube naquela hora que ele viria junto.

Cada um tinha que pagar U$ 14,000. 00. Não sabia o quanto isso valia em real e qual era a diferença entre as duas moedas, mas hoje eu sei que era mais que o dobro. Muito dinheiro para pessoas tão simples.

O carro da minha tia, que tinha um bom valor de mercado, foi comprado com a economia de uma vida inteira de sacrifício - e principalmente com o dinheiro que ela tinha trazido de fora, quando morou nos EUA.

Quem é brasileiro sabe que a gente não consegue juntar dinheiro para comprar um carro desses assim na moleza, muito menos quando se nasce pobre e sem oportunidades.

Ela, morando numa roça tão simples, para se locomover, precisava ter um veículo.

E esse carro não podia ser velho, pois naquele fim de mundo se quebrasse, o conserto era caríssimo e as peças poderiam levar meses para chegar.

O traficante ainda fez algumas perguntas sobre minha mãe e onde ficaríamos no destino. Acabou aceitando o carro e a condição de pagamento posterior.

Naquela hora parece que a ficha começou a cair, meu coração veio à boca. Respirei fundo.

Mas ainda tinha um detalhe importante: eu estava sem passaporte e para chegar até a Guatemala, era necessário ter um documento para viajar de avião.

A situação estava bem complicada, porque para fazer uma viagem internacional além do documento que havia me furtado, eu precisaria da autorização de um juiz, já que minha tia não tinha minha guarda.

Tudo estava muito confuso e o tempo muito curto.

O homem nos indicou um "parceiro" que poderia resolver a questão do passaporte.

Ligou para ele e disse que eu precisava de um documento brasileiro falso, que dissesse que eu tinha dezenove anos, para resolver de uma vez todas as questões. Falou também que teria que mudar meu nome, pois se checassem os meus dados no sistema e a data de nascimento não coincidisse, eu seria detida no Brasil mesmo.

Avisou ao contato que o procuraríamos ainda naquele dia e que necessitava que ele emitisse o documento e enviasse no malote para o contato que fazia os "despachos" no Aeroporto de São Paulo até a data do nosso embarque.

Lá estávamos mais uma vez correndo para resolver esse último obstáculo.

Fomos então para a etapa final, antes do embarque, e mais uma vez a minha tia teve de pagar para resolver esse último empecilho.

Conforme o combinado, ela deixou o carro com uma pessoa de confiança juntamente com o recibo de compra e venda que deveria ser entregue ao intermediário quando minha tia ordenasse, depois da travessia.

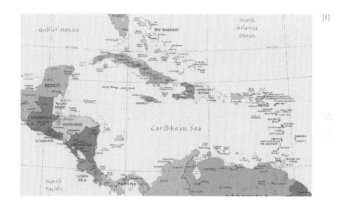

[1]

Quando finalmente chegamos a casa naquele dia, exaustas, sentei no sofá e vi na estante um livro grande e velho, já sem capa.

Era um Atlas Geográfico. Não sei o que ele fazia ali, mas eu abri e procurei para olhar onde era a Guatemala.

E é longe, muito longe.

Minha tia fez tudo para me ajudar, mesmo que as coisas que estávamos fazendo não eram certas ou boas.

Ela era uma mulher também sofrida, como a minha mãe. Voltou porque não aguentou a saudade da filha. Mas a vida aqui não lhe deu nenhuma oportunidade.

De novo ela estava se arriscando para tentar dar o melhor para a pessoa que ela mais amava na vida, e me ajudando. Hoje sei o quanto deve ter sido difícil para ela tudo o que

[1] Guatemala: primeira parada (fonte: https://www.infoescola.com)

passou.

Vivi essa dor dos dois lados: quando meus pais foram embora e quando eu deixei meus irmãos.

Agora ela estava disposta a abrir mão do único bem que possuía - o carro - se algo desse errado nos EUA e não conseguisse pagar a viagem.

Novamente ela estava num estado desesperador.

A crise de 2008, que ironicamente foi provocada pelo estouro da bolha imobiliária dos Estados Unidos, afetou a vida de cidadãos de todo o mundo.

E a única saída para ela seria cruzar a fronteira do México e entrar de novo no sonho americano.

Eu, aos dezesseis anos, nascida e criada no meio do mato, não sabia o que era falsidade ideológica, nem a gravidade de falsificação de documentos. Muito menos o perigo de lidar com traficantes de pessoas.

Tudo aquilo era muito surreal, distante da minha realidade e fora do alcance da minha compreensão.

Eu nunca me achei esperta, pelo contrário, sabia o quanto era ingênua.

Agora a viagem estava marcada e a nossa sorte lançada. Iríamos para Guarulhos de ônibus e de lá pegar um voo direto para Guatemala. Em breve seria hora de dizer adeus ao Brasil.

Naquela noite e até o dia da viagem eu quase não consegui dormir.

Será que estava fazendo a coisa certa? Eu nunca tinha andado nem de metrô, ia entrar em um avião!

E se não encontrasse minha mãe?

Na escola tinha aprendido que o território dos EUA era ainda maior que o Brasil, que já é tão grande. E se eu me perdesse da minha tia?

E se a polícia descobrisse que meu passaporte era falso?

Será que eu estava fazendo o que era certo? Como estariam meus irmãos? E meus avós, será que me perdoariam? Um lado de mim dizia para eu desistir, ainda dava tempo.

Outro lado me dizia para ir em frente, pois estar com minha mãe e perto do meu pai compensaria correr qualquer risco.

Minha cabeça rodava e eu me agarrava à cama com medo de acordar de um sonho ou pesadelo, que ainda não tinha acontecido.

VII

Guatemala: a porta do Inferno

No dia seguinte, assim como todo o tempo antes de nossa partida, minha tia me fez comer muito.

Ela temia que a gente passasse fome durante a viagem, e eu não compreendia o por que, se o homem que falou conosco na mansão disse que era tudo tão simples...

Na noite anterior à viagem eu, minha tia e o namorado dela preparamos as mochilas.

O homem da mansão também havia nos aconselhado levar o mínimo possível, pois com o passar dos dias, o cansaço iria fazer com que a gente sentisse se multiplicar o peso de qualquer coisa que levássemos. Na época eu não entendi o que ele queria dizer. Pensei que não queria que a gente levasse malas para não chamar atenção.

Minha tia me deu uma pochete para eu guardar o passaporte, quando me entregassem.

Naquele momento eu o usei para proteger somente as fotos dos meus irmãos, da minha mãe e de meu pai.

Na minha mochila eu levava algumas poucas peças de roupa, que eu mais gostava e uns presentinhos de amigos da fazenda - umas pulseirinhas e cartinhas que trocávamos de vez em quando.

Minha tia e seu namorado precisaram terminar de resolver alguns assuntos pela manhã e logo em seguida saímos todos juntos para a rodoviária.

A viagem demorou umas doze horas. Ficamos dois dias em Guarulhos, esperando o voo e os documentos. Minha tia me deu um dinheiro para eu me divertir um pouco, antes da viagem de avião. Acho que ela percebeu que estava muito ansiosa e amedrontada.

Fui até um telefone público e liguei a cobrar para minha mãe.

Foi nesse dia que lhe pedi para levantar o dinheiro e avisei que estava indo encontrá-la, desligando sem explicar mais nada, nem onde ou com quem eu estaria indo.

Em seguida, procurei um salão de cabeleireiro onde fiz uma escova e as unhas das mãos. Queria que minha mãe me encontrasse linda.

Quando eu saí do Brasil, imaginava que não teria nada mais difícil que abandonar meus irmãos e fugir na calada da noite da casa dos meus avós. Pensava que, depois disso, qualquer coisa que viesse pela frente me causaria muito menos sofrimento.

Quem já teve de se separar de pessoas que ama sabe bem ao que eu estou me referindo, porém, a vida me mostrou que as coisas sempre podem piorar.

Eu acreditava no sorriso das pessoas e confiava em tudo o que elas falavam.

Entrei de cabeça nessa aventura sem pensar como tudo poderia dar errado e se eu teria alguma chance de me defender de qualquer situação, fugir ou buscar ajuda.

A Guatemala é um país com locais turísticos maravilhosos e que recebe muitos visitantes, mas, foi para mim a porta do inferno e eu não tinha a mínima ideia do que viria pela frente.

Chegamos ao aeroporto, na hora marcada, e estava um portador nos esperando com o meu passaporte e as passagens. Ele conversou diretamente com a minha tia. Ela verificou tudo e recebeu algumas instruções de como reconheceríamos o contato já na Guatemala.

Minhas pernas tremiam tanto e meu coração estava aceleradíssimo! Eu só pensava que tudo ia acabar logo e me imaginava abraçando a minha mãe.

Foi quando minha tia me entregou o passaporte e me disse:

- A partir de agora você se chama Maria e tem dezenove anos. Não se esqueça disso! E guarde bem esse passaporte.

Fizemos o check-in no Aeroporto Internacional de Guarulhos para Guatemala e o combinado era que eu fizesse de conta que estava sozinha e que não conhecia ou estava acompanhada por ninguém todo o tempo que estivéssemos fazendo check-in ou embarque.

Eu abri o documento e vi minha foto, rapidamente, a caminho do guichê, antes de entregá-lo, junto com a minha passagem, para a pessoa da companhia aérea.

Ela só me perguntou se eu teria bagagem para despachar e eu disse que não.

Um pouco mais de uma semana após ter fugido da fazenda, às 6 h da manhã, embarcamos para Guatemala.

Quando saímos no desembarque, havia um homem com uma plaquinha nos esperando.

Eu não lembro o que estava escrito nela, mas havia um código para que a gente pudesse reconhecer o contato.

Eu olhava tudo com curiosidade e não conseguia prestar atenção em nada.

Aquilo era muita novidade para mim e eu ouvia um zumbido dentro do meu ouvido, talvez por ser a primeira vez que viajasse de avião.

O homem nos cumprimentou secamente em espanhol e nos levou apressadamente até um carro. Lá eram quatro horas da tarde e eu estava faminta. Entramos no veículo e nos levaram até um host El que eu não sei onde ficava.

Eu olhava pela janela do carro e só reconhecia uma coisa: a pobreza de lá é a mesma do Brasil, dos lugares onde eu nasci, cresci e vivi. E alguns lugares de lá, até muito mais precários.

As pessoas eram muito diferentes daquilo que eu imaginava e muitas se pareciam com os índios brasileiros, com quem eu não tinha contato na minha terra. E eu não compreendia o que falavam. Minha tia me explicou que era a língua espanhola misturada com algum dialeto dos índios maias.

Eu havia estudado alguma coisa sobre essa civilização, mas nunca imaginaria que um dia conheceria seus descendentes.

Guatemala tem muitas construções Maias, mas eu não as visitaria, pois não estava em viagem de turismo.

[1] Foto: IPS Notícias - Rua da Cidade da Guatemala

Era um dia quente e abafado e as ruas estavam molhadas. O motorista nos disse que no mês de maio começa a estação das chuvas ali.

Minha tia fez umas perguntas ao homem que nos conduziu até o carro, mas ele disse que a partir daquele momento nós só deveríamos obedecer ao que nos mandassem e que evitássemos fazer perguntas.

- Cuanto menos sabes, mejor para usted. Disse ele com um olhar um pouco ameaçador.

Eu não tinha entendido a resposta, mas percebi que minha tia e o namorado se entreolharam desconfiados.

Não sei se por inocência minha ou uma maneira de não estragar a expectativa que eu tinha de ter uma boa viagem, não dei importância a isso.

Chegamos ao hostel e ele pegou a chave do quarto com a dona do local.

Era um lugar sujo e fedido.

Olhei para minha tia assustada e disse baixinho:

- Uma coisa é a pessoa ser pobre, outra coisa é ser suja.

Ela me olhou nos olhos com um olhar de advertência e eu entendi que não era para falar mais nada. Naquele momento eu senti um pouco de nojo, mas pensei:

- Se esse era o preço para ver minha mãe, tudo bem.

Levou-nos até o quarto e disse que não devíamos sair de lá, nem falar com ninguém, pois se algo desse errado eles não se responsabilizariam pelas nossas vidas e nunca mais veríamos a nossa família. Depois disse que alguém viria nos buscar às 10 h da noite para que fizéssemos uma viagem e entrássemos no território mexicano.

Eu suspirei fundo. Parecia mesmo fácil, como o homem da mansão falou!

O quarto era sujo e estreito, com uma janela muito pequena, que dava para uma parede.

Ali não conseguíamos ver nada.

Só tinha uma cama.

A essa altura, eu estava com muita fome, acho que minha pressão caiu, porque eu me senti sonolenta.

Então entrou uma mulher no quarto nos trazendo comida.

Primeiro, eu fiquei feliz e animada, pois não estava aguentando mais.

Só que quando prestei atenção fiquei horrorizada com a sujeira da bandeja que ela carregava. Era rosa, de plástico, com umas manchas enormes de sujeira.

Ela nos deu na mão, para cada um de nós um pedaço de pão de forma com feijão.

Não tinha sequer um guardanapo!

A mulher saiu do quarto e eu pedi para minha tia perguntar se não tinha como a gente comprar alguma coisa para comer.

O namorado dela olhou para cima e deu uma risada silenciosa.

- Sei que é difícil para você, mas a gente não pode sair do quarto, até que venham nos buscar.

- Então não dá para a gente bater na porta e pedir para alguém comprar alguma coisa para comer? Eu não vou conseguir comer isso, é muito estranho. Tem gosto ruim! Eu disse.

- Não podemos bater na porta! Nem chamar ninguém. Não podemos levantar suspeitas que estamos aqui. É melhor você se esforçar e comer isso.

- Ela acha que a gente pode sair daqui e procurar um restaurante! Disse o namorado dela ironicamente.

- Ela é uma menina, não tem noção das coisas. A minha tia respondeu um pouco contrariada. Não gostava que ninguém falasse qualquer coisa de mim.

- É... mas logo a ficha dela vai cair. Só espero que não vire um bebê chorão e nos dê trabalho. Não vou carregar ninguém no colo. Cutucou o homem.

- Da minha sobrinha cuido eu. Você não precisa dar palpites. E não se preocupe em ajudar ninguém. Pagando para que eles e não me deixando dívidas com coiotes, já está de bom tamanho! Provocou ela.

Eles se calaram e com muito esforço comiam em silêncio aquele negócio que até hoje eu não consigo nem lembrar, sem sentir ânsia.

Eu tentei várias vezes, mas não conseguia comer.

Minha tia implorava para eu tentar de novo.

- Você não sabe o que ainda podemos passar. É melhor se alimentar para ter forças e aguentar qualquer coisa que venha pela frente.

- Mas o homem da mansão não falou que era fácil? Eu retruquei.

- Ele disse, sim. Mas entre o que ele disse e o que pode ser talvez tenha algumas diferenças. Pelo sim, pelo não, é melhor se preparar... Argumentou minha tia.

- Seguro morreu de velho. Completou o namorado dela.

Eu prendia a respiração e tentava engolir. Não entrava. Tinha espasmos de tanta ânsia. Fui ao banheiro que ficava dentro do quarto e bebi água da torneira, para ver se me ajudava a engolir, mas só fez piorar.

Ah! O banheiro... era o lugar mais sujo e descuidado que eu tinha entrado até então.

Minha ânsia havia piorado. Eu não sabia se a água tinha contribuído para isso.

Sentei no chão e fechei os olhos, com o pão na mão.

O namorado da minha tia me perguntou se eu iria comê-lo. Eu balancei a cabeça em sinal negativo.

- Então, passa para cá! Eu como.

Estendi a mão sem abrir os olhos e ele tirou de mim aquele negócio que me parecia tão nojento.

Eu pensava:

- Onde já se viu comer feijão frio?

E o pão nem era duro, nem fresco, parecia meio borrachudo.

- Ah! Quem é da roça e come uma comida fresquinha, feita na hora, bem temperada em um forno a lenha... Como vai gostar disso? Eu pensava.

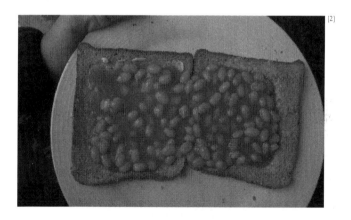

Hoje eu sei que é comum para muitas culturas comer essa mistura de alimentos, mas eu era do interior do Brasil, só sabia comer arroz com feijão - e quentinho. Que mistura era aquela tão estranha? Era só o que eu pensava.

E ainda tinha o fato da leguminosa estar mal cozida e sem

Pão com feijão: iguaria na Guatemala estranha demais para uma caipira do Brasil.
Foto: https://www.purebreak.com.br/midia/p-atilde-o-com-feij-atilde-o-49199.html

tempero.

Mas a verdade é que, além de tudo o que vivemos e os abusos pelos quais passamos, mesmo que essa iguaria tivesse sido feita com capricho e servida da forma correta, eu estava vivendo naquele momento o meu primeiro choque cultural.

VIII

Uma madrugada com Policiais

Quando o meu enjoo melhorou, comecei a caminhar pelo quarto, inquieta. Não via a hora de partir. Pelo que eu sabia, iríamos diretamente de ônibus para os Estados Unidos.

O quarto era sujo e a comida era ruim, mas era temporário, eu repetia para mim mesma. Não importava ficar sem comer agora. Quando eu chegasse lá, tudo ia ser diferente.

E eu ia devorar o maior prato de arroz com feijão do mundo, com uma porção de batatas fritas gigante, pensava. Depois iria tomar muitos sorvetes.

Mexi na maçaneta e ela estava trancada.

- Não tente abrir a porta! Disse minha tia.

- Ela está trancada! Estamos presos aqui. Eu disse meio sem entender o que estava acontecendo.

Estávamos confinados naquele quarto nojento e não podíamos sair de lá. E eu ainda não tinha me dado conta que a nossa condição lá não era de hóspedes ou clientes - embora fosse uma relação comercial, ainda que ilícita.

A partir do momento que pisamos na Guatemala éramos

uma espécie de prisioneiros. Fomos revistados pelos coiotes quando chegamos à pousada. Eles confiscavam qualquer objeto que poderia ser usado como uma arma, como canivete, faca, etc.

Minha tia e o seu namorado estavam sentados na cama, em silêncio.

Na época, não entendia a aflição estampada no rosto de ambos.

Na vida, para alcançarmos qualquer coisa, é necessário fazer sacrifícios, não era mesmo? Isso era o que eu sempre ouvi.

O benefício de estar com minha mãe valia passar por algumas dificuldades.

Eu andava de um lado para outro, estava muito ansiosa.

- Ji, sente-se aqui. É melhor você guardar suas energias, não sabemos como será daqui para frente, até chegarmos a Boston.

Sentei ao lado dela, que me abraçou.

De novo estava vindo com essa conversa de não sabermos o que iríamos passar... mas ela já tinha feito essa travessia antes, e foi realmente rápido e tudo correu bem.

O homem da mansão garantiu que era simples e tudo ia acabar bem, também.

Qual era o problema, então? Do que minha tia tinha medo?

Achei que o clima era tenso demais para perguntar qualquer coisa.

Minha cabeça não parava de pensar coisas e mais coisas, mas fiquei em silêncio.

Olhava toda hora para o relógio e os ponteiros pareciam não se mover. Como demorou a passar essas quase seis horas de espera, até sairmos de lá!

Eu acabei cochilando sentada.

Finalmente, um pouco depois das dez da noite despertei com o som da chave girando na porta. Ouvia-se lá de fora um burburinho e passos de muitas pessoas.

Levantamos imediatamente e já pegamos nossas coisas. Apareceu um homem que nos mandou sair e seguir os que estavam a nossa frente.

Era uma fila enorme, que começava no corredor dos quartos e ia até a recepção.

O lugar não era muito grande, mas tinham ali, contando com a gente, cerca de quarenta pessoas que iriam viajar no mesmo ônibus.

Como eu sei disso?

Enquanto estávamos em fila, veio outro homem contando-nos, colocando a mão no nosso ombro e nos empurrando-nos para frente, tão forte que até me doeu.

Eu não conhecia o idioma espanhol, era a primeira vez que estava ouvindo pessoas falando essa língua, mas dava para entender que estavam conferindo quantas pessoas haviam chegado e que deveria ter quarenta ao todo, pois precisavam lotar o ônibus.

Quando terminaram a conferência, os primeiros foram puxando a fila e saímos direto para um veículo muito grande, quadrado, muito mal conservado, com bancos de couro sintético, todos rasgados, e um cheiro forte e horrível de óleo diesel misturado com mofo.

Ele parecia não ter amortecedor, pois pulava muito, era barulhento e jogava uma fumaça preta no ar.

[1]

Sentamos no fundo e eu observava as pessoas que estavam a nossa frente e do lado.

Eram todos brasileiros, gente de vários estados diferentes. Uns pareciam ser de classe média, pelas roupas e sapatos, mas a maioria estava muito mal vestida e com cara de muito sofrimento.

Algumas falavam alto e eu escutava um pouco daqui e um pouco dali e comecei a entender que algumas pessoas tinham pagado muito mais que outras.

As que pagaram menos iam fazer trajetos diferentes e demorariam mais para chegar, além de ter de carregar volumes que os coiotes precisavam fazer chegar aos EUA.

Eram cargas proibidas, e se fossem pegos, não seriam só deportados, seriam presos por contrabando e tráfico de drogas.

Também falavam que uns pagaram mais para terem comida no trajeto, outros levavam mais peso, pois tinham que carregar sua água e comida.

Olhei assustada para minha tia, que também escutava as conversas e ela falou ao meu ouvido:

- Fique tranquila, pagamos o preço mais alto. Nada disso vai nos acontecer. Ela me abraçou de novo, como se

---

[1] Ônibus típicos da América Central foto: https://www.funnycat.tv/video/3-camionetas-

quisesse me proteger. - Tente dormir.

Eu tentava dormir, em vão. Olhei pela janela e vi que estávamos indo por uma estrada de terra numa região montanhosa e cheia de mato, lama e barro. Lá fora era um breu total.

O motorista dirigia como um louco e eu comecei a sentir medo de morrer ali e ninguém saber quem eu era, pois eu estava com um documento falso. Quem nos acharia nesse fim de mundo?

O que aconteceria se o ônibus quebrasse?

Além das conversas, muitas pessoas tossiam, pois as janelas estavam todas fechadas e algumas fumavam lá dentro. A fumaça fazia arder os olhos. Pela mistura de cheiros, eram fumos variados. Alguns baratos, de contrabando, outros feitos de palha de milho, outros, uma espécie de charutos fininhos.

Fiquei aborrecida porque meu cabelo, que eu tinha arrumado para ver minha mãe, ia ficar fedendo a cigarro e charuto.

Apoiei as duas mãos no banco da frente e abaixei a cabeça, de olhos fechados, tentando desviar minhas narinas daquele fedor.

Assim viajamos por cerca de umas cinco ou seis horas.

E por volta das 4 da manhã, ainda estava muito escuro, o ônibus parou bruscamente.

Muitos passageiros ficaram em pé, perguntando ao motorista o que havia acontecido.

Os que estavam mais a frente gritaram que a estrada estava fechada por carros posicionados atravessados na pista e havia cavaletes impedindo a passagem.

Ouvi minha tia conversar com o namorado e eles se perguntavam se seria uma emboscada ou assaltante.

Os coiotes ameaçaram com armas quem se levantava ou falava. Ordenaram que ficássemos em silêncio.

Eu fiquei com medo, muito medo.

Víamos luzes muito fortes do lado de fora. Eram os faróis de alguns carros que fecharam a pista.

O motorista do ônibus se levantou e disse que havíamos chegado ao posto policial da fronteira.

Rapidamente todos que ainda fumavam, apagaram seus fumos.

Ficamos num absoluto silêncio.

Estávamos seguros! Era a polícia! Eu respirei fundo, aliviada.

Minha tia e o seu namorado também sorriram aliviados e os passageiros se acalmaram.

O condutor abriu a porta e acendeu as luzes internas do ônibus.

Desceu em seguida, cumprimentando com aperto de mão os policiais. Pareciam conhecidos de longa data. O motorista contornou o ônibus e ficou fumando do lado de fora perto da minha janela.

Três ou quatros policiais da fronteira entraram no ônibus e disseram para que ficássemos tranquilos que se todo mundo colaborasse tudo ia ser muito rápido.

Eles estavam armados com rifles e revólveres e com lanternas na mão.

Disseram que, para passarmos pela fronteira, todos os passageiros deveriam mostrar todo o dinheiro que estavam levando.

Os primeiros foram abrindo as carteiras e mostrando as notas.

Todos, sem exceção, levavam dólares. E esse era todo o dinheiro que as pessoas levavam para comer no trajeto, e algumas ainda levavam todas as suas reservas para quando chegassem aos EUA.

Os policiais simplesmente pegaram o dinheiro e guardaram nos seus bolsos tudo o que recolhiam.

As pessoas se assustaram e levantaram e eles as mandaram se sentar e ficarem quietas.

Muitos começaram a chorar e implorar desesperados que eles não levassem suas economias. Como iam fazer a travessia sem dinheiro algum? Iriam morrer de fome pelo caminho.

Os polícias os ameaçavam com as armas, e diziam que iriam prender quem não colaborasse. Eram verdadeiros assaltantes cruéis. Eles bem sabiam que todos que estavam naquele ônibus não tinham visto para entrar no México e por isso se aproveitavam da situação.

Minha tia estava levando apenas dinheiro para comermos pelo caminho, US$ 250.00.

Ela rapidamente pegou todo o dinheiro e escondeu no sutiã, deixando a carteira vazia.

---

[2] Fronteira da Guatemala com México: um dos lugares mais perigosos do planeta Terra
fonte:https://www.noria-research.com/no-more-opium-for-the-masses/

Quando o policial tentou pegar o dinheiro que estava nos seus peitos, ela brigou, empurrou-o e só cedeu quando ele lhe apontou a arma.

- Entrega logo, tia! Eu disse desesperada.

Foi a primeira vez que realmente tive medo e senti a morte nos rondar.

O que eu estava fazendo ali? E se a gente não conseguisse chegar aos Estados Unidos?

Minha tia pegou U$ 200,00 e entregou a eles, dizendo que era tudo o que tinha. Eles queriam revistá-la e tentavam colocar a mão dentro da blusa dela, mas ela gritava dizendo que já tinha entregado tudo, que fossem embora, por favor. Depois de insistirem um pouco mais e ameaçá-la, eles se foram, sem levar mais nada.

Ficou um silêncio perturbador no ônibus, mas o que mais me chamou a atenção é que os coiotes não foram incomodados. Um deles, inclusive, desceu com o motorista e ficaram juntos, aguardando a ação policial terminar. Então todos se conheciam e isso era rotina, pensei.

Quando terminou a "arrecadação fiscal" todos os policiais desceram e um deles foi até ao motorista e um dos coiotes. Eu tive a impressão que este entregou algum dinheiro para os dois, que voltaram rindo, satisfeitos, e a viagem recomeçou.

Muitas pessoas não tiveram a ideia de esconder dinheiro, ou não tiveram tempo de fazê-lo, como minha tia. Essas choravam muito.

Atravessamos uma região muito perigosa, em que há gangues que controlam o tráfico humano para os EUA.

Essas organizações criminosas são responsáveis por transformar a da taxa de homicídios daquela zona em uma das maiores do mundo.

Eu ainda não fazia ideia nenhuma de onde estava. Mas,

durante todo o trajeto que se iniciou quando cheguei à Cidade da Guatemala, pisaria na região mais violenta do planeta Terra.

40 pessoas e um sonho

Finalmente amanheceu.

Chegamos a uma zona rural já no lado do México.

Descemos do ônibus e eles nos separaram em turmas e cada uma foi para um lado diferente, com um coiote diferente, naquele lugar que parecia ser uma fazenda. Aquele grupo de quarenta pessoas foi separado pelo valor que cada um pagava.

Os que pagavam menos iriam esperar mais tempo ali e teriam que trabalhar enquanto esperavam.

O pouco tempo que ficamos ali foi suficiente para eu ouvir histórias contadas por mulheres jovens que se prostituíam o máximo que podiam e entregavam todo o dinheiro recebido aos coiotes, até completarem o pagamento para a travessia.

Colocaram a gente em um terreno próximo a uma casa tão velha que parecia estar abandonada, mas que era o alojamento dos criminosos.

Os imigrantes que lá ficavam eram despejados no quintal da casa, como animais, sem abrigo ou comida. Apenas tinham uma caixa d'água azul, de plástico, que enchiam de água. E isso era tanto para beber como para tomar banho.

Aquela água ficava exposta e a caixa tinha terra, limo e folhas das árvores no fundo.

Não havia banheiros e as pessoas faziam as necessidades tentando se esconderem atrás das árvores frutíferas que davam o único alimento que nós comeríamos naquele lugar.

Quando o coiote nos deixou ali disse para minha tia que nós três não deveríamos nos afastar da casa, pois a qualquer hora viriam nos buscar.

Ouvi uma mulher dizendo que estava lá há algum tempo, mas não sabia precisar quantos dias.

Ela chorava muito, pois dizia que tinha sido estuprada por alguns coiotes e agora a forçavam a se prostituir, justificando que o preço da travessia havia aumentado e ela tinha que pagar a diferença, antes de continuar a viagem.

Eu gelei por dentro. Será que isso iria acontecer com a gente também?

Talvez o fato de não termos pago tudo e a minha tia ter deixado uma garantia no Brasil que só seria entregue se a gente chegasse ao destino, poderia ser a única garantia de que não passaríamos pela mesma coisa, mas o fato é que estávamos completamente entregues a eles, inofensivos e indefesos. E as regras podiam mudar a qualquer momento.

Os que chegaram antes de nós estavam muito sujos e cansados. Alguns tinham feito o trajeto que fizemos de ônibus, porém a pé.

Dormiam no chão de terra e ninguém falava com eles, desde que chegaram, a não ser para fazê-los trabalharem como escravos.

Segundo um dos imigrantes brasileiros, o terreno era cercado de arame farpado e fortemente vigiado por homens armados. Ninguém podia sair dali, sem ser escolhido pelos que lideravam.

Diziam que os que saíam de carro continuavam o trajeto e os que eram levados andando não saiam da fazenda.

Outra mulher também disse que quem adoecia era levado para ser tratado e não voltava mais.

Ela contou haver presenciado o caso de duas mulheres, mãe e filha. A mãe era uma idosa e parecia estar padecendo de pressão alta. A filha implorou ajuda aos coiotes para que a mãe pudesse ser atendida por algum médico na região. Eles conduziram a senhora para fora daquela área andando e quando ela não conseguia dar mais nenhum passo a arrastaram. A filha tentou ir junto e não deixaram, ameaçando matar as duas.

Depois, ouviram um tiro. No final da tarde, veio um carro e levou a filha, junto de outras pessoas.

Disseram-lhe que a mãe estava melhor e faria outro trajeto. Ainda alegaram que elas se encontrariam em Laredo.

A moça começou a chorar resignada e entrou no carro. Para todos, era certo que a senhora não sairia nunca mais dessa fazenda, estaria morta.

Outra pessoa ainda disse que todos que saíam caminhando eram tirados de lá porque estavam reclamando muito, tentando fugir ou estavam doentes. Algum tempo após serem levados ouviam-se gritos e disparos. Depois o silêncio voltava.

Os coiotes eram violentos, e alguns homens que lá estavam para fazer a travessia tinham marcas de agressão, como feridas e hematomas, mas ainda estavam bem para trabalhar. Por isso continuavam vivos e agora intimidados e conformados.

Imaginei que esses que passavam muitos dias naquele lugar estavam esperando chegar cargas de contrabando, ou drogas, para continuarem a viagem, carregando isso para dentro dos EUA.

Depois de ver e ouvir isso tudo, a minha ficha começou a cair... e então eu comecei a ter realmente medo.

Mesmo que quisesse desistir, agora não era mais possível. Era impossível sair dali. E certamente eles temiam ser denunciados por alguém que voltasse para casa.

A sensação de morte e perigo iminente começou a fazer parte de cada segundo da minha vida e eu passei a me sentir como se estivesse no corredor da morte.

Peguei na mão da minha tia e apertei forte.

Hoje, tenho certeza que só estou viva porque, primeiramente, Deus nunca me abandonou. Mesmo quando eu duvidei dele, ele estava cuidando de mim e colocou a minha tia ao meu lado nessa provação para me apoiar. Eu não teria suportado tudo o que vivi sem o apoio dela e, principalmente, sem a misericórdia do Pai.

Ela me abraçou e cochichou no meu ouvido:

- Fica calma, eles só receberão o nosso pagamento quando chegarmos lá. Por isso, aconteça o que acontecer, eles vão nos deixar vivos e nos tirarão daqui o mais rápido possível.

A voz dela era de pavor, mas tentava não perder o controle emocional, e me tranquilizar.

O namorado da minha tia disse que deveríamos buscar frutas, pois a nossa última refeição - que eu não comi - tinha sido naquele quarto de hospedaria, no dia anterior.

Estávamos saindo para ir ao pomar, quando um Jipe muito velho parou e desceu um homem do bando, apontando para mim e me puxando para ficar ao lado dele. Assustada, eu obedeci.

Apontou para mais algumas pessoas, inclusive minha tia e seu namorado.

Outras pessoas vinham correndo do pomar, na esperança de serem escolhidas, mas ele mandou que se afastassem.

Eu olhava para aquele mundo de gente que ele separou e imaginava que viria outro carro para dividir o grupo que iria desta vez. Não caberia tudo aquilo no carro, eu pensava. Acho que minha tia teve o mesmo pensamento.

O homem então mandou eu me deitar embaixo do banco de trás, no assoalho do carro, de bruços. Ele me escolheu primeiro porque eu era muito, mas muito magrinha.

Minha tia deu uns passos para frente para falar com o homem, pois não concordava com isso, ele apontou a arma para ela, fazendo sinal para entrar logo e se calar.

Ela, sem poder fazer nada, continuou calada e obedeceu. Não havia a menor possibilidade de se negociar com eles qualquer tratamento mais humano.

Eles não nos tratavam como pessoas. Os imigrantes ilegais, quando fazem essa travessia, não passam de mercadorias na mão de gente cruel e inescrupulosa.

Eu era a mais jovem da turma, com dezesseis anos. As outras pessoas tinham de 28 a 50 anos.

Alguém no carro disse que a fronteira do México com os Estados Unidos estava há aproximadamente dois mil quilômetros e era impossível chegar de outra forma, se não de carro, no nosso caso.

Nesse trajeto eu ficava horas na mesma posição e não via nada. Apenas ouvia - com muita dificuldade - as pessoas falarem, mas o coiote não gostava que conversas paralelas.

Só sei que passamos a viagem toda indo por dentro de zonas rurais, para não chamar a atenção.

Naquele dia, rodamos por muitas horas e eu estava com as pernas, braços e mãos adormecidas por não poder me mover.

Alguém falou com o motorista em códigos por um rádio e de repente o carro parecia ter saído da pista e entrado em uma estrada de terra, muito esburacada e cheia de pedras, que batiam embaixo do carro e faziam barulho.

Era por volta das três ou 4 h da tarde e o condutor disse que mais adiante havia policiais fazendo inspeção nos carros. Ele parou e mandou todos descerem. Ordenou que fôssemos para o mato e nos escondêssemos, pois se a polícia nos visse iríamos todos presos e deportados.

Todo mundo, exceto eu, pulou rapidamente, buscando ficar atrás de pequenos arbustos.

Eu quase não conseguia me mover. Ele gritou comigo e como eu não conseguia sair com rapidez, ele me puxou pelos pés, arrastando meu rosto no assoalho sujo e cheio de terra.

Meus olhos encheram de areia e eu não enxergava direito.

Minha tia voltou correndo e me puxou para dentro do mato.

O condutor sumiu. Meu rosto ficou todo ferido e não tinha água para lavar os olhos. Fiquei sentada no chão, lacrimejando e usando a parte de dentro da minha blusa para limpar as pálpebras e o rosto. Até dentro da minha boca tinha terra.[1]

Lembro-me de ter visto uma placa dizendo: "Programa Nacional de Proteção a Imigrantes", mas não tinha nenhum

---

[1] Programa Nacional de Proteção ao Imigrante: uma falácia
Fonte: https://www.wola.org/files/images/mxgt/border_sign_tabasco.jpg

número de telefone para pedir socorro, nem nenhuma forma de se comunicar. Ela estava toda furada a bala, como se fosse uma advertência e ameaça a quem quisesse se arriscar a pedir ajuda.

Para quê servia uma placa dessas sem um telefone de emergência? Eu pensava isso, mas ao mesmo tempo achava que já tinha ido longe demais para voltar para a casa dos meus avós.

Com base no que o eu tinha ouvido alguém falar dentro do carro, imaginava que em dois dias estaríamos na fronteira do México com os Estados Unidos.

Eu orava para que não acontecesse nada mais difícil que isso que estávamos passando e não via a hora de tudo terminar.

Mas eu estava com fome, pois fazia dois dias que não comia e também com sede e uma moleza tomou conta do meu corpo. Apaguei no mato e nem vi as horas passarem.

X

Sem noção do tempo ou dignidade

Acordei na madrugada seguinte, abri e fechei os olhos rapidamente.

Ouvia o galo da fazenda cantar e respirava fundo sentindo o cheiro de café que vinha da cozinha, todo dia, quando eu me levantava.

Escutei a voz do meu avô, conversando com a minha avó, reclamando do preço das sementes e dos adubos. Ele sempre estava reclamando de alguma coisa e minha velhinha, tão doce e sábia, toda vez fazia a mesma coisa: deixava-o falar, falar e falar, enquanto ela punha a mesa, servia o café e apenas dizia, quando ele se calava, que tudo ia melhorar.

Engoli seco e minha garganta estava dolorida por causa da sede, senti medo de abrir os olhos e então perceber que a realidade era outra.

Mexi os pés e senti que eu estava de tênis.

O pânico, pouco a pouco, tomou conta de mim e eu comecei a chorar baixinho, de olhos fechados.

Por um momento achei que estava na minha cama e que toda essa aventura não passava de um pesadelo.

Minha tia acordou e me chacoalhou suavemente.

- Ji, acorde! Você está tendo um sonho ruim! Precisamos voltar à beira da estrada e esperar o Coiote no lugar onde ele nos deixou.

Meu Deus! Eu não estava tendo um pesadelo enquanto dormia, o pesadelo era a mais pura realidade!

Levantei totalmente tonta e minha tia me puxou pela mão para que a gente não se perdesse do grupo.

Uma mulher estava mastigando uma erva que havia achado no mato e alguém lhe disse que ali havia plantas venenosas e ela poderia se intoxicar. A mulher não deu ouvidos e continuou a comer.

Enfim, um novo homem do bando chegou, parou o carro e abriu a portas novamente. Ele me lançou para debaixo do banco da frente e as pessoas foram se empilhando, no lugar do banco de trás, me espremendo contra as ferragens.

Senti vários pés me empurrando e chutando, e meu pescoço ficou quase que dobrado, junto com a cabeça de outra pessoa.

Eu não conseguia me mover nem um milímetro.

Em pouco tempo eu já estava com várias partes adormecidas e outras totalmente doloridas.

As pessoas que ficavam embaixo, quase não conseguiam respirar.

Rodamos alguns quilômetros. É muito difícil saber por quanto tempo e qual distância percorremos. Cada minuto parecia uma eternidade e a sensação que tínhamos é que cada vez estávamos mais longe do nosso objetivo.

E nem éramos mais reconhecidos como seres humanos: não passávamos de carga viva, apenas.

A mulher que comeu aquela erva, foi colocada justamente no meio da massa de gente.

De repente, começamos a ouvir um barulho estranho vindo do corpo dela, como se fossem fortes espasmos. Era um barulho do estômago e da garganta. Eu não a via, mas comecei a escutar as pessoas gritarem sons abafados. Ela aparentava estar se sufocando e se debatia desesperadamente, tentando abrir espaço para respirar.

Ouvi e senti que as pessoas mais próximas a ela a empurravam com a parte do corpo que conseguiam mexer (joelhos, cintura, cabeça e o tronco). E assim todo o resto do grupo começou a se mover, num efeito dominó.

De repente ouvimos um grunhido muito forte, gutural. Comecei a sentir um líquido quente molhar minhas costas e cabelo.

Ela estava vomitando uma água verde, e as pessoas começaram a tentar se levantar.

O Coiote parou o carro e apontou a arma para os que estavam em cima, mandando que todos se calassem, ou ele mataria um por um.

Algumas pessoas começaram a chorar baixinho e o barulho continuava agora como se saísse, além da garganta, também do intestino. A mulher começou a obrar ali mesmo.

Um cheiro horrível começou a empestear o ar e outras duas pessoas começaram a vomitar também. Praticamente todo mundo estava sujo e fedendo, com exceção do Coiote.

Ele parou o carro e sentimos um grande alívio, pois achávamos que ele nos deixaria sair. O Coiote ordenou que ninguém se mexesse, se quiséssemos continuar vivos.

Ele abriu a porta do motorista e eu pude ver que havia mais imigrantes esperando para serem transportados.

Ele então perguntou quem estava passando mal e puxou a mulher intoxicada, tirando-a do carro. Perguntou o que ela havia comido. A mulher estava muito pálida, tremia e mal conseguia ficar em pé ou falar. Puxou do bolso da calça com dificuldade um pedaço da erva e lhe mostrou. Ele examinou a folha e a puxou para o mato. Ouvimos um tiro. Ficamos apavorados e um silêncio sinistro se instalou. Eu lembro que eu gelei por inteiro e as mãos das pessoas que me tocavam estavam arroxeando.

Ele ordenou que ninguém, que já estava dentro, se mexesse e colocou mais gente ainda. Enfiava quase a mesma quantidade de pessoas, socando e empurrando para que todos coubessem.

Parecia impossível caber mais gente.

No banco da frente, junto dele, estavam mais três homens grandes e dentro do painel tinha cerca de duas ou três pessoas magras.

---

[1] Sem noção de tempo ou dignidade: apenas carga viva.
Fonte: Dailymail UK: Ted Thornhill - 26 Julho de 2016

Uma moça que estava com o grupo que o aguardava disse que queria ir sentada no banco da frente.

Ele pegou no cabelo dela e passou a mão na sua silhueta, perguntando se ela tinha como pagar por isso.

A moça sorriu e ele a mandou ficar esperando, enquanto terminava de empilhar o restante do grupo.

A porta não queria fechar e ele empurrou, com a bota, a cabeça das pessoas que estavam impedindo o fechamento. Quando estavam todos encaixados, ele tirou a chave do contato e pegou a moça. Foram para trás de uma árvore. Ouvimos os gemidos deles. Alguns minutos depois eles voltaram rindo e ele arrancou um dos homens do banco da frente e o lançou sobre o grupo de trás, dando uns murros e sacudindo-nos para que todos se encaixassem novamente.

Rodamos mais algum tempo e de repente ele entrou numa estrada mais estreita, parou o carro e mandou nos escondermos.

Com os braços e pernas completamente adormecidos, eu empurrei meu corpo para fora do carro como se fosse uma cobra e alguém me ajudou, me puxando pelas pernas.

Quando entramos no mato avistamos uma aldeia de índios mexicanos.

Talvez eles pudessem nos ajudar!

Corremos até lá. Eles pareciam estar acostumados com forasteiros e foram muito amistosos.

Falavam uma língua estranha e apenas nos deram água. Pareciam ser solidários de fato, mas viviam na mais extrema miséria, e não poderiam ajudar ninguém. Eram muito magros e pude perceber que também passavam fome.

Nós nos lavamos um pouco e bebemos da água deles. Então voltamos à beira da estrada e ficamos escondidos, esperando alguém vir nos apanhar, pois ainda era dia.

Outro motorista chegou em um carro diferente, onde já tinham outros imigrantes, que ficaram no carro, imóveis. Ele trouxe um saco de pão de forma. Deu a cada um de nós uma fatia. Eu não sentia nem o gosto daquilo, devorei e procurava por migalhas na roupa. Naquele momento desejei também que ele tivesse trazido um pouco daquele feijão horrível, que eu rejeitei na Guatemala.

O Coiote separou aquele grande grupo em dois e escolheu algumas pessoas para seguirem com ele.

A moça, que havia "negociado" o banco da frente, foi novamente ao mato com esse também - ela faria de tudo para acelerar a travessia.

Eu era muito inocente, mas entendia perfeitamente o que estava acontecendo.

Os outros passageiros comentavam como ela conseguia fazer aquilo e seguir a viagem sem sequer se lavar. Obviamente que ninguém levava preservativo àquele fim de mundo.

Dessa vez, ficamos lá com a segunda turma. Pouco tempo depois, veio outro carro e nos levou dali, com um grupo novo.

[2]

[2] Sem noção de tempo ou dignidade: apenas mais um dia de vida.
Fonte: Guarda Civil da Espanha no Twitter - 25 de Setembro de 2015

90

A partir dessa vez, quando o Coiote abria a porta eu já me jogava para dentro, entrando debaixo do banco. Rodamos até que anoiteceu. Mais uma vez dormimos no mato e eu não via a hora de sonhar com a casa dos meus avós.

Eu estava viva e havia comido um pedaço de pão naquele dia, e isso me deu certo alívio.

Será que eu sobreviveria também no dia seguinte?

XI

A casa amaldiçoada

Depois de uma semana tendo essa rotina de viajarmos empilhados como coisas, nos escondermos no mato e nos alimentarmos com uma única fatia de pão - somente em alguns dias - estávamos descansando a uns vinte passos da beira da estrada, quando vimos o clima mudar.

O tempo virou subitamente e nuvens, muito escuras, encobriram totalmente o sol.

Começou a soprar um vento forte e frio. Foi uma mudança brusca de temperatura e de repente foi como se tivesse anoitecido ao meio do dia.

Nosso grupo resolveu ficar mais perto da pista, pois quando chovesse, possivelmente ficaríamos atolados no barro, impedindo que pudéssemos correr.

Além disso, o barulho da chuva poderia nos confundir e não ouvirmos o som do veículo que viria nos buscar, ou da sua buzina.

A viagem de carro era uma tortura, mas, atrasar essa etapa, nessa circunstância, poderia comprometer a nossa vida.

Por quanto tempo mais resistiríamos a esses maus tratos? Estávamos tão debilitados que uma gripe seria suficiente para matar alguns de nós. E uma pneumonia certamente seria fatal para qualquer um naquelas condições.

Quando começou a chuviscar, parou um veículo. Vimos que era um coiote muito jovem. Ele desceu do carro e corremos aliviados até lá. Não sabíamos qual era a intenção dele, pois começou a nos separar em pequenos grupos. Algumas pessoas reclamaram que iria chover e ninguém queria ficar ali. Minha tia segurava forte a minha mão e também estava de mãos dadas com o namorado. Nós três não falamos nada, embora, aparentemente, não seríamos escolhidos naquele momento.

Eu e minha tia fechamos os olhos e oramos silenciosamente. Para os que ficassem poderia significar uma sentença de morte e já sabíamos que para esses homens não fazia a mínima diferença se estivéssemos vivos ou mortos: eles simplesmente não demonstravam corresponder a nenhum apelo emocional nem a preceitos ou leis divinas.

Então ele mandou todos se juntarem mais uma vez e separou alguns novamente.

Esse coiote parecia indeciso e não se resolvia. Os chuviscos se tornaram mais intensos e não tínhamos muito tempo para entrar no carro, antes que todos se molhassem.

Eu só pensava: - Meu Deus, eu tenho um propósito! Não é possível que a gente ficasse ali embaixo da chuva que ameaçava cair. Eu não podia morrer sem olhar nos olhos de meus pais mais uma vez!

As pessoas escolhidas começaram a entrar no carro.

Seria o nosso fim?

Comecei a sentir algumas gotas enormes de chuva cair na minha cabeça e nas minhas costas.

Então vimos que as pessoas não conseguiam entrar porque ninguém cabia embaixo do banco da frente, e se as "peças não se encaixam" muito espaço é desperdiçado. O inexperiente homem mandou todo mundo sair de novo do carro.

Foi aí que ele me enxergou e viu que nós três estávamos de mãos dadas.

Ele me puxou e me mandou entrar logo debaixo do banco. Minha tia e o namorado já se jogaram para dentro e nem esperaram ele falar qualquer coisa. Na lateral da porta da frente do motorista havia um canivete. O namorado da minha tia esticou o braço e o pegou rapidamente, escondendo-o no bolso da calça, enquanto o coiote terminava de escolher o restante do grupo.

Os escolhidos entraram rapidamente.

Quando ele tentava fechar a porta, chutando a cabeça de algumas pessoas, a chuva começou a cair muito forte e dois homens gritavam desesperados porque não foram escolhidos. O coiote deu uma coronhada em um deles e na sequência um soco na boca do outro. O restante do grupo que ficou fora do carro saiu correndo para o mato, na tentativa de encontrar algum lugar para se protegerem da chuva.

Aqueles dois imigrantes ficaram caídos na beira da estrada, enquanto a chuva aumentava a sua intensidade. O que havia levado o soco na boca se levantou rapidamente e tentou arrastar o outro que estava inconsciente.

Finalmente o motorista conseguiu fechar a porta traseira e assim partimos, salvos mais uma vez.

Alguém perguntou onde estávamos indo e, para surpresa de todos, ele respondeu confirmando nossas suspeitas de que era realmente alguém inexperiente no negócio. Disse que iríamos passar a noite na casa de um casal de velhinhos para nos prepararmos, pois, na manhã seguinte já estaríamos nos Estados Unidos. Todos nós começamos a chorar.

Finalmente o suplício estava terminando, eu pensava.

Então iríamos poder tomar um banho, dormir numa cama e talvez até comer algo!

Viajamos por algum tempo e quando estava totalmente escuro saímos da estrada e pegamos um atalho. Era um lugar ermo totalmente escondido dentro de uma mata fechada. O carro parou e todos desceram embaixo de uma chuva torrencial. O coiote nos conduziu por um pequeno trecho a pé, pois uma árvore tinha caído, impedindo a passagem do carro.

Quando menos esperávamos, os trovões iluminaram o breu e avistamos uma casa muito velha, sem iluminação elétrica, com muitas velas acesas na janela.

Um cenário horrível - parecia um filme de terror.

Era nesse lugar que íamos nos preparar para atravessar a fronteira, finalmente? Eu me perguntava.

Respirei fundo e pensei que dormir uma noite no escuro não seria tão ruim assim, pois já havia passado por tanta coisa...

Estava ansiosa por um banho, mesmo que fosse com água fria. Imaginava que nos dariam algo para comer e vestir, pois estávamos em farrapos. Eu imaginava que não era possível que a gente chegasse aos EUA mal vestidos, sujos e famintos. Isso certamente chamaria a atenção da polícia e dos moradores.

Nosso grupo se encaminhava para a casa quando o homem apontou para um galpão ao lado.

De novo trovejou e toda a área se iluminou. Por um segundo pude ver dois rostos com olhos sinistros nos observando pela janela da casa. Deveria ser o tal casal que o coiote nos falou.

O homem estava com um rifle na mão e apontava para nós.

Imagino que eles estariam com medo de que atacássemos o rapaz e invadíssemos a casa em busca de comida.

O galpão estava fechado e na porta tinha uma corrente

com um cadeado aberto.

O homem mandou o namorado da minha tia abri-la. Assim que a porta se abriu sentimos um cheiro muito forte de estrume. Ele ordenou que entrássemos e fechou a porta, trancando-a por fora com a corrente e fechou o cadeado.

Estava muito escuro e ouvíamos o gorjeio de aves, cacarejos de galinhas, grasnados de patos e grunhidos de porcos. Os animais se agitaram quando chegamos.

O chão estava escorregadio e lamacento. Pelo cheiro, parecia que era uma mistura de lama com excremento.

Não enxergávamos absolutamente nada e nem sabíamos exatamente onde esses animais estavam - se soltos ou presos em algum cercado dentro do galpão.

Ficamos algum tempo parados e a vista foi se acostumando com a escuridão, mas mesmo assim era impossível definir o que havia naquele lugar.

Havia vultos mais escuros e outros mais claros, como se a pelagem e a pena de alguns animais amenizasse um pouco o breu em alguns pontos.

De repente, eu ouvi um barulho como se fossem morcegos voando. O pavor tomou conta de mim. Comecei a chorar descontroladamente.

Minha tia falava comigo e se aproximou, guiando-se pelo meu choro. Ela tentava em vão me acalmar.

Um clarão mais forte iluminou todo o galpão e eu olhei para cima. Havia um caixão de defunto pendurado com uma corda, amarrado nos caibros do telhado.

Por um instante eu pensei que estava enfartando. Eu nunca tive uma sensação de pânico tão grande na minha vida, até aquele momento!

Primeiro, meu coração pareceu levar um choque e então eu não sentia mais nada, estava com o corpo todo adormecido.

Aos poucos senti como se meu sangue estivesse gelado e voltasse a correr nas mãos e pés. Eu não conseguia respirar. Depois senti o coração bater tão forte que até minhas orelhas latejavam. Meu corpo começou a esquentar, como se eu estivesse em uma fogueira. Meu rosto queimava. Eu comecei a arfar forte. Minha tia pegou nos meus braços e mandou eu me acalmar. Se eu caísse ali seria muito pior.

Eu chorava e sentia as lágrimas rolarem quentes pelo rosto.

Havia um monte de feno em um canto e fomos arrastando os pés até lá.

Alguém lembrou que poderia ter escorpiões e aranhas escondidas em madeiras e forragem, mas ninguém deu muita importância para isso.

Como não estávamos enxergando nada, ficamos todos de cócoras sobre um pouco de feno, esperando a noite e a tempestade passar.

Abaixei a cabeça, chorando copiosamente. Só lembro-me de repetir:

- Quando isso vai acabar? Quando isso vai acabar? Eu perguntava entre soluços.

XII

Um carro, dois homens e eu

Quando amanheceu, acordamos com um galo cantando. Não sei como aconteceu, mas estávamos todos sentados com as pernas encolhidas e apoiados uns nos outros. Acho que dormimos sem perceber. Éramos cerca de dez pessoas à beira do esgotamento físico e emocional.

A sensação de estarmos todos juntos deu-me algum conforto.

Deus tem formas surpreendentes de nos mostrar que nunca estamos sozinhos. É uma pena que a gente não consiga enxergar isso a todo o momento, em nosso cotidiano.

Cada um de nós traz a sua dor e sua história e não sabemos se daqui a cinco minutos ainda estaremos vivos.

E não importa se estamos numa situação limite ou curtindo as melhores férias da vida.

Tudo pode mudar, tanto para pior quanto para melhor.

Nossas escolhas nos levam a caminhos que podem nos surpreender.

Deus nos dá o livre arbítrio para fazer da nossa vida o que quisermos: ninguém é obrigado a seguir seus mandamentos.

É nosso papel controlar nossas vontades e ímpetos e nos afastarmos de problemas e riscos.

O poder de escolha é totalmente nosso.

Mas, depois que fazemos nossas opções temos que arcar com as consequências - e delas não temos controle.

No momento que escolhemos qual caminho percorrer nos tornamos escravos do nosso destino. E então cessa o nosso direito de preferência.

A partir daí é Deus que comanda.

Feliz daquele que sente no seu coração o chamado e reveste sua vida de um propósito maior.

Se fizemos escolhas erradas - ou que não resultaram naquilo que desejávamos - não devemos culpar a Deus pelo resultado.

É hora de se colocar diante dele e de sua infinita misericórdia com o nosso coração aberto, reconhecendo o quão pequeno somos, diante de tudo o que ele criou.

Mas a nossa arrogância nos faz questionar os seus desígnios, como se fosse ele que nos lançasse ao inferno.

Naquela época, quando tudo estava acontecendo eu me revoltei muitas vezes, porém, hoje eu reconheço que se fui ao inferno, fui com minhas próprias pernas.

Naquele galpão, ficamos algum tempo em silêncio. Pelas poucas frestas das madeiras entrava o sol quente e o cheiro de estrume começou a ficar ainda mais forte. Não era o suficiente para clarear muito o local, mas esquentou a madeira e o chão.

Os animais estavam inquietos, aguardando a ração.

Os porcos estavam presos em um chiqueiro. Ao lado havia um tambor com restos de comida e misturados com grãos. Larvas caminhavam sobre essa gosma nojenta. Não fosse isso, talvez avançássemos na refeição dos suínos.

As aves estavam empoleiradas e algumas alçavam

pequenos voos, soltando penas sobre nós.

Alguém disse que talvez tivessem espigas de milho guardadas em algum canto. Levantamos e começamos a vasculhar o lugar, em busca de algo para comer.

Não achamos nada, apenas mais um tambor com água, penas e fezes de aves.

Eu evitava olhar para o alto e ver aquele caixão horroroso pendurado sobre nossas cabeças.

Muitas coisas passavam pela minha mente, inclusive a possibilidade de que iriam nos matar e nos enterrar naquelas terras sem lei.

Como sair dali? Como pedir ajuda?

Com apenas dezesseis anos, era normal que eu tivesse sensações de impotência e revolta em situações razoáveis da vida de qualquer adolescente.

Entretanto, a situação era inimaginavelmente mais grave.

A rebeldia não era com meus avós ou meus pais que não estavam me dando uma mesada, ou me proibindo de ir a uma festa.

Não era a falta de um celular high-tech, nem da roupa da moda.

Eu estava simplesmente lutando para sobreviver mais um dia, sem saber quando isso iria acabar - se é que iria acabar realmente - antes que eu morresse de fome, atacada por um bicho, picada por um inseto, morta por estar atrapalhando o trabalho de um coiote ou em um acidente numa estrada perigosa no meio do nada...

O galpão não era muito grande e não havia nenhum lugar que pudéssemos nos esconder. Todos estavam segurando a vontade de urinar, até que um homem foi ao canto e esvaziou sua bexiga, de costas.

Depois, foi um por um e na hora das mulheres, eles se

viraram de costas.

Voltamos a sentar no feno e esperamos... Na verdade, nem sabíamos mais o quê esperar. Olhávamos um para os olhos dos outros e todos estavam se controlando para não enlouquecer. Algum tempo depois ouvimos um barulho do motor de um carro se aproximar. Ele parou e ouvimos as portas do carro se abrindo e a voz de dois homens conversando. Na sequência, escutamos eles arrastarem a árvore que havia caído na noite anterior.

Ouvimos as portas bater e o barulho do motor novamente e depois uma freada brusca muito perto da porta do galpão. Saltaram novamente e abriram a porta. A claridade ofuscou nossos olhos e protegemos o rosto instintivamente com as mãos.

Quando consegui enxergar direito eram dois homens enormes e estavam muito próximos de mim e me encarando.

Eles eram muito estranhos e ameaçadores. Estavam usando coldres cintura, com revólveres e facas. Senti um arrepio correr pela espinha. Um deles olhou para mim e disse:

- Tú, vengas con nosotros!

Minha tia se jogou na minha frente e disse que eu não iria sozinha com eles. Os homens se entreolharam e riram. De novo o mesmo homem olhou para mim e repetiu:

- Tú, vengas con nosotros, ahora!

Minha tia me abraçou e disse que sozinha eu não iria com eles.

- Solo queremos ella con nosotros.

Ela começou a se desesperar.

O outro que se mantinha calado colocou a mão em seu revólver, como se fosse sacá-lo.

Eu entendi que não tinha nenhuma chance de contrariá-los e continuarmos vivas. Eu fiz um sinal com a mão para que

juntei a eles. Olhei para a minha tia e lhe

te não tem escolha. Olha a nossa situação.
le de Deus. Ele é testemunha que a senhora
que poderia por mim.

Os homens saíram do galpão e eu os acompanhei. Eles fecharam a porta novamente e eu ouvi minha tia gritar desesperadamente. Ela me chamava e clamava a Deus pela minha vida.

Eu confesso que estava rendida. Não tinha mais forças para reagir, nem lutar. Deus não havia me colocado naquele inferno, mas só ele podia me tirar de lá. Naquele momento eu entreguei minha alma a Deus e uma paz me envolveu de tal forma que eu não sentia mais medo.

Eu fiz minhas escolhas e a única coisa que eu podia fazer agora era acreditar que Ele estava no comando.

O carro que levou aqueles homens até lá era grande e muito bonito.

Eles me colocaram no banco da frente, no meio dos dois. Eu estava suja - sem banho, sem escovar os dentes nem pentear os cabelos - desde que saí do Brasil. E estava há muitas horas sem sequer comer um pão ou beber água.

Deram a partida e saímos daquele lugar afastado, pegamos uma estrada e demos muitas voltas.

Estranhamente os semblantes deles estavam mais tranquilos, mas eles não me diziam uma única palavra. Conversavam entre si muito rápido. Acho que falavam muitas coisas em códigos.

Passamos por alguns lugares que tinham guaritas que me pareceram ser de polícia, só que estavam abandonadas e vazias.

Tive a impressão que eles me usaram para testar a passagem em alguns trajetos.

Lembro-me de ter visto uma placa dizendo "Bienvenido a Xalapa".

Eles não fizeram nem tentaram fazer nada comigo. Eu era apenas uma isca.

Regressamos para pegar os outros.

Quando reencontrei minha tia, ela chorava de soluçar. Abraçou-me. Eu contei como tudo tinha ocorrido e a tranquilizei.

Novamente fui embaixo do banco da frente, e todos os outros foram empilhados atrás.

No trajeto eu falei baixinho o nome da cidade que tinha visto na placa. Um homem que estava com a cabeça dele colada na minha me perguntou onde eu tinha visto esse nome. Eu falei da placa e então ele disse: - Xalapa? Entonces, estamos casi en la mitad del camino.

Fechei os olhos e respirei fundo. O coiote que nos deixou naquela casa amaldiçoada mentiu para nós. Quanto tempo mais aquele calvário ainda duraria?

---

[1] Estrada a caminho de Xalapa, testando a passagem
Foto: El Portal

A revolta dos imigrantes

Voltamos à rotina de viajar horas e dormir no mato.

E entramos na linha de "produção" de imigrantes ilegais novamente.

A volta à viagem em carros que mais pareciam sucatas foi acompanhada de uma dose extra de adrenalina.

Agora estávamos em uma estrada longa que faz parte de um conjunto de rodovias que cortam o México de Norte a Sul. Uma das mais perigosas se chama Carretera A grutas de Tolantongo.

Durante todo o tempo, nessa estrada, era um terror inimaginável.

Os carros, na maioria das vezes, muito velhos e sem o menor sinal de manutenção eram dirigidos por coiotes sempre drogados ou alcoolizados.

Os veículos pareciam bater ferro com ferro, pois não tinham amortecedor e os pneus estavam sempre carecas.

O estado dos condutores era tal que eles não tinham sequer reflexo para desviar ou frear a tempo de não atropelar animais selvagens que atravessavam a pista.

Algumas vezes ouvimos o choque do carro com bichos e os condutores continuavam a correr como loucos naquela pista tortuosa e à beira de precipícios que pareciam não ter fim.

Os animais, após atropelados, rolavam embaixo do carro e eu sentia o impacto. Muitas vezes eu ouvia os seus gritos e choros. Alguns eram arrastados por muitos metros, antes de se soltarem das ferragens.

Era um pesadelo sem fim.

Os lugares por onde passamos eram muito feios e de alta periculosidade.

Cada curva que o carro fazia podia ser a última.

Eu viva em pânico com o coração na boca. Se o carro caísse num barranco provavelmente explodiria.

Da maneira que estávamos entrelaçados, ninguém que estava deitado escaparia com vida.

Eu pensava que sequer seria identificada, pois até que as chamas se consumissem me transformariam em cinza.

Quando eu fechava os olhos, muitas vezes, eu enxergava

na minha frente meus irmãos.

Eu os via chorando, como fizeram na minha partida.

Outras, eu via o rosto da minha mãe e do meu pai em lágrimas, ou os meus avós...

Quantas vezes eu tive medo de morrer. E quantas eu pensei que minha hora tinha chegado.

Era muito fácil morrer àquela altura, bastava desistir de seguir em frente e dizer aos coiotes que eu tinha me arrependido e queria voltar para casa. Eles não pensariam duas vezes antes de colocar uma bala na minha cabeça e me jogar no mato.

Não se davam ao trabalho nem de enterrar os que tombavam pelo caminho. Os céus estavam sempre cheios de urubus esperando pela carniça.

E animais terrestres que pareciam cachorros estavam à espreita. Eram coiotes e hienas que nos rondavam.

Eles não nos atacavam enquanto estávamos em grupos, mas eram perigosos. Podiam nos matar com muita facilidade.

Tinha sempre alguém segurando um pedaço de tronco de madeira para afugentar os bichos. E os homens sempre se revezavam para dormir.

Um ataque seria mortal e sem chance de defesa. Não tínhamos força para correr ou nos defender.

Então eu pensava:

-    Tenho que resistir! Preciso ser forte! Sei que Deus tem um propósito na minha vida.

Eu não sei qual é, mas no momento certo eu vou descobrir.

Eu respirava fundo e buscava força de algum lugar que eu nem sabia que existia.

Eu sempre fui magrinha e chata para comer. Nunca bebia água em copo que outros tocavam, nem dividia prato com ninguém.

Jamais na minha vida pensei que fosse fazer necessidades fisiológicas com pessoas praticamente ao meu lado. Sem ter uma porta ou uma parede para me proteger, nem sequer um lençol para me dar privacidade.

O que a gente estava vivendo era comparável à situação de refugiados como povos do Afeganistão, Congo ou da Somália e ninguém se importa com isso.

A nossa condição era análoga à de sobreviventes em uma zona de guerra: sem abrigo, sem qualquer socorro ou justiça, sem comida e nem água potável.

Bebíamos água com gosto doce, de reservatórios cheios de baratas, ou com gosto salgado, de urina de ratos.

Os pães mofados eram jogados no mato quando éramos abandonados à beira das pistas, para nos escondermos. E estes eram disputados a tapas. Nem as cascas mofadas sobravam.

Temíamos pelas nossas vidas, porque começamos a ouvir histórias de outros grupos, com quem cruzávamos que estavam aparecendo ladrões armados para roubarem o pouco que os imigrantes ainda tinham, ou para estuprar as mulheres, enquanto os grupos ficavam escondidos, esperando a troca dos coiotes.

Tínhamos dor de estômago, feridas na boca e na cabeça, aftas na língua, coceiras na pele e tremendas dores de barriga e vômito.

Não tínhamos papel higiênico e nos limpávamos com folhas das árvores.

As mulheres, quando menstruavam, não tinham o que fazer, o sangue escorria e secava na roupa. Depois aquilo ficava em contato com a pele todo o tempo, se juntando à poeira e sujando as outras pessoas, quando estávamos empilhados nos carros.

Ninguém falava nada, nem reclamava, pois não tínhamos o que fazer.

O cheiro das pessoas era horrível e a falta de banho e asseio ao fazer as necessidades deixavam todos com a pele das partes íntimas irritadas.

Somava-se a isso o mau hálito geral: horas sem comer ou beber. E quando nos hidratávamos e comíamos, na verdade, estavam nos envenenando.

Finalmente chegamos a uma cidade grande.

Entramos em um estacionamento como se fosse dentro de um shopping ou uma grande loja.

O coiote encostou o carro ao lado de outro. Ele disse que precisaríamos passar para o outro veículo sem que ninguém notasse.

Se algo desse errado, seríamos presos e deportados. Então ele saiu do carro e abriu uma porta do banco de trás, enquanto o outro motorista também abriu a porta da parte traseira.

Não vimos nada, apenas ouvíamos buzinas de carros e barulho de trem passando.

Precisávamos escorregar do assoalho de um carro e andar abaixado até o outro e nos enfiarmos lá.

Umas cinco pessoas foram escolhidas para irem sentadas, enquanto todas as outras iriam deitadas.

Quando chegou a minha hora, tive que escorregar por cima de um monte de gente para poder entrar embaixo do banco da frente, pois fui a última a sair.

As pessoas me socaram, empurrando-me para debaixo do banco.

Então as cinco escolhidas entraram e pisaram nas que estavam deitadas no assoalho.

Viajamos certo tempo, até que o homem do bando parou o carro numa viela escondida e mandou todos descerem.

Lá estava outro homem que nos conduziu até um ponto de ônibus e nos deu uma passagem a cada um.

Fomos orientados a acompanhá-lo, subir e descer junto dele, mas não podíamos falar com ele, nem entre nós mesmos ou deixar transparecer que estávamos todos juntos.

Isso foi uma coisa surreal: como um monte de gente, mal vestida, fedendo, suja, descabelada, entra em um ônibus intermunicipal, todos juntos, descem todos juntos e ninguém nota, nem questiona, viajando por uma rota de imigrantes ilegais? Foram cerca de quatro horas. O motorista do ônibus corria, fazia zigue-zague na pista e eu tentava me segurar. Olhava pela janela e tudo o que víamos eram barrancos que pareciam não ter fim. Cruzamos com uma carreta tombada e nesse momento o motorista pareceu cair em si e resolveu se comportar um pouco. Mas logo descemos.

Chegamos a um posto de gasolina e o coiote nos levou aos fundos do estabelecimento e lá havia cerca de quarenta pessoas.

Encontramos outro coiote que então veio falar conosco dizendo que só faltava mais oito horas de viagem e iríamos ser transportados de caminhão.

Ele nos levou até um caminhão frigorífico. Abriu as portas de trás e me jogou para dentro como se eu fosse uma mercadoria. Foi tão rápido que eu só percebi o que estava acontecendo quando eu voava literalmente para dentro do compartimento gelado.

Eu desci assim que pus os pés dentro da câmara fria.

O homem me pegou de novo com muita raiva e me jogou.

- No te metas conmigo! Tu vas donde yo quiero!

Eu saí novamente gritando que iríamos morrer lá dentro sem ar e congelados.

O coiote pegou sua arma e apontou para minha cabeça. Eu disse que ele podia atirar, porque lá dentro eu iria morrer congelada e asfixiada. Então morrer com um tiro era bem melhor.

O namorado da minha tia pegou o canivete e o ameaçou. Eles começaram a discutir. Nesse momento, todos começaram a gritar e dizer que não iriam. Houve um levante geral e então o homem, temendo que essa confusão pudesse chamar a atenção da polícia, pediu que esperássemos para que ele pudesse arrumar outra carreta.

Quantas pessoas devem ter morrido em uma situação parecida?

Era mais do que absurdo tudo aquilo. Obviamente ninguém teria saído vivo daquela câmara fria a uma temperatura congelante e sem entrada de oxigênio.

XIV

Muita sede em cima de latas de Coca-cola

Sentimos certo alívio de estarmos por algum tempo fora do mato ou não sermos empilhados como coisas.

Aproveitamos para pegar uns tambores de lixo que ficavam na frente do posto e começamos a vasculhar em busca de comida.

Comíamos todos os restos que encontrávamos.

Eu tinha vontade de chorar e não sabia se era de tristeza ou alegria.

Por um lado, sentia gratidão por estar mastigando um resto de carne grudada na cartilagem de osso de galinha e a rebarba de pão de um lanche que alguém já satisfeito desprezou.

Por outro, pesava na minha alma a humilhação de nos rebaixarmos à condição de cães vira latas e imundos sem dono, ou de ratos nojentos.

As moscas nos atacavam como se disputássemos as mesmas sobras.

Uma mulher achou uma embalagem de alumínio com

restos de chilli com carne e sobras de tortillas. Ela começou a gritar e tentava enfiar tudo na boca. Um homem que estava perto dela viu e arrancou-lhe violentamente a embalagem de sua mão, houve uma briga entre os mais fortes e alguns homens começaram uma luta, se esmurrando e rolando no chão, deixando a comida cair. Eu e todos os outros nos abaixamos e pegávamos as sobras - das sobras - que caíam. Comemos aquilo com terra, apressados e desesperadamente.

Quando não tinha mais nada para comer, recolocamos os latões na frente da entrada e ficamos, pacientemente, esperando pelo coiote.

Sentei no chão um pouco contente. Tentava sentir ainda o gosto do pequeno naco da carne com chili que eu experimentei pela primeira vez na vida.

Nos meus dentes tinham terra e sentia sede. Não encontramos nada para beber. Fiquei me lembrando dos almoços de domingo na fazenda.

Nesse dia, meu avô trazia uma garrafa de refrigerante que ficava na geladeira até a hora de sentarmos à mesa.

Ele era muito rigoroso e a gente só podia beber um copo do refresco, bem geladinho, depois de comer toda a comida deliciosa da minha avó.

Mas, como a comida era sempre a mesma aos domingos, frango assado, macarrão com molho de tomate caseiro, arroz com feijão, salada de alface com tomate e cebola, eu nem dava valor.

Só ficava olhando para a garrafa da tal Coca-cola ansiosa por sentir na ponta do nariz aquelas borbulhas que o seu gás provoca.

Que sede!

Era final de junho e o calor estava insuportável e pelo menos ainda estávamos vivos.

Eu olhava para aquelas pessoas e pensava quantos desconhecidos já tinham passado por nós e sumiram, indo por outros caminhos, com outros coiotes.

Quantos já teriam alcançado o objetivo?

Quantos desse grupo sobreviveriam?

Parecia que os coiotes agiam segundo uma estratégia de separar as pessoas o tempo todo, talvez para que a gente não desenvolvesse sentimento de grupo, nem nos sentíssemos seguros com as outras pessoas a ponto de nos rebelarmos e atacá-los.

Talvez, também por isso, quase nos matavam de fome para que não tivéssemos forças suficientes para reagir a tanta tortura física e psicológica.

Quando eles viam que estávamos no extremo da fraqueza e caindo no desespero nos davam um pedaço de pão velho e mofado.

Eu não sabia, como a maioria das pessoas, o que nos aguardava no minuto seguinte.

Era terra, mato, estrada, poeira, fome, sede, desespero, gente chorando, adoecendo e morrendo e nos ocupávamos de lutar com todas as forças para sobreviver.

Somente conseguíamos reagir uma vez depois da outra de forma instintiva e orientados pela lei do mais forte.

Achei curioso que o coiote não obrigou o namorado da minha tia entregar o canivete.

Eles andavam tão drogados que parecia não estarem muito conectados ao que estava realmente acontecendo.

Acho que viviam no limite entre a razão e a loucura e agiam de forma automática.

O distanciamento que eles criavam de nós era tanto que aparentavam não saber que éramos tão humanos quanto eles.

Na fazenda que eu morei com meus avós, quando tinham que abater um animal para ser consumido pelos colonos, a pessoa que matava era alguém que não lidava diretamente com o animal e por isso não tinha nenhum laço afetivo entre eles.

O algoz entrava friamente no pasto, escolhia a sua vítima e durante todo o tempo agia com uma grande distância emocional, como se o animal não fosse um ser vivo.

Eu observava isso e pensava que era um comportamento que poupava o peão de sofrer com o abate do bicho.

Agora eu estava na mesma posição de um porco, galinha ou boi. E como um animal do pasto eu enxergava a frieza com que os coiotes sufocavam algum mínimo resquício de civilidade e compaixão que ainda pudessem ter.

Eles teriam família? Filhos? Pais? Será que em algum momento eles se colocavam em nosso lugar? Será que sentiam pena de alguns de nós?

Parecia impossível que todos eles, que eram muitos, fossem absolutamente tiranos, frios e psicopatas.

Mas eram, sem exceção, criminosos e se locupletavam a base do desespero e o rebaixamento moral e físico de seres da mesma espécie. Sujeitavam-se a fazer esse serviço sujo e imoral, que prospera alicerçado no desespero de tantas vidas sem perspectivas.

Será que algum dia eles teriam um mínimo sentimento de remorso por tudo o que faziam?

Depois de algum tempo, o coiote voltou e disse que iríamos viajar em um baú fechado, mas não era refrigerado.

Era um caminhão de latas de Coca-cola.

Coca-cola! Que irônico! A mesma que eu tomava na fazenda sonhando com o dia que entraria pela porta da frente no país dos sonhos de todos os imigrantes ilegais.

Agora significava o símbolo da vitória e serviria de lastro para a nossa invasão silenciosa. O ícone do capitalismo e da liberdade. O sabor do sonho americano!

A fonte da inspiração, junto com as calças jeans e dos óculos escuros, do ideal de vida do primeiro mundo.

E uma fonte de açúcar, que precisávamos tanto naquele momento.

O caminhão encostou e o motorista veio abrir as portas traseiras.

Subimos e tivemos que escalar packs de latas e ficamos deitados em cima delas, pois não havia espaço para ficar em pé ou sentado.

A primeira coisa que todo mundo fez foi abrir algumas delas. Tomamos desesperadamente enquanto sentíamos faltar o ar.

O baú tinha vedação nas portas e não havia aberturas para a troca do oxigênio.

Forçamos a respiração, mas a falta de ventilação com a alta temperatura estava nos sufocando.

E para completar, o refrigerante estava quente. Começamos todos a passar mal.

Era difícil se manter deitado nas latas, que estavam nos machucando.

Além disso, ficamos soltos e todas as curvas, frenagens e lombadas nos jogavam de um

[1] Travessia de imigrantes ilegais: caminho sem volta
Fonte imagem: Google Maps

115

lado para o outro, chocando-nos contra os engradados e as outras pessoas.

Tentamos em vão controlar nosso estado emocional o máximo que pudemos, mas de repente era impossível respirar ou racionalizar.

O refrigerante quente somado a fome e falta de ar estavam virando uma bomba em nosso sistema digestivo.

Começamos a gritar. Gritamos muito, pedindo para que o motorista parasse. Dávamos socos e pontapés nas laterais do baú e no teto.

Foi então que começamos a vomitar em cima das latas. Alguns também fizeram xixi.

O ar não entrava de jeito nenhum e os cheiros de urina e vômito se misturavam, formando uma combinação angustiosamente nociva.

Minha tia desmaiou e eu não conseguia chegar até ela. Eram quarenta pessoas empilhadas sacudindo de um lado para outro em cima daquela pasta de golfo com ureia.

E a gente não tinha nem ideia de onde estávamos nem quanto tempo aquilo ainda duraria.

Bastava o freio de o caminhão falhar uma única vez para que nós fossemos prensados entre o monte de alumínio que nos cercava.

Quando tudo aquilo estava ficando ainda mais insuportável, eu me agarrei ao estrado de madeira da lateral do baú e enfiei a cabeça numa fresta entre a madeira e a parede de metal, soprando para tentar fazer com que o ar que eu soprava, voltasse para mim.

Fazia isso e chamava pela minha tia, na tentativa de acordá-la. Eu teria que passar por cima de muita gente para socorrê-la e tinha que driblar aquilo tudo para não ser pisoteada em um dos solavancos.

Desde que saí do Brasil tudo só piorava nessa viagem: quanto mais avançávamos parecia que o próximo ponto seria ainda mais desesperador que o anterior.

Mas a gente, depois do desespero, do medo, da indignação e da revolta sempre estávamos prontos para acreditar que as coisas iriam melhorar.

Parecia que Deus soprava dentro de nós alento para não desistirmos.

Eu repetia para mim mesma que, embora não parecesse, eu de fato estava mais perto de me encontrar com a minha mãe.

Isso tinha que acontecer, pois era um caminho sem volta!

Agora eu precisava chegar do outro lado de qualquer jeito, ou morreria.

XV

Adeus, Michael!

Eu olhava para minha tia e ela permanecia imóvel. Eu nunca tinha visto alguém ficar desmaiada por tanto tempo.

Será que eu tinha perdido minha tia para sempre?

Eu comecei a me desesperar ainda mais. Se algo acontecesse com ela, eu desabaria. Não conseguiria continuar vivendo aquela loucura. E não chegaria até a minha mãe.

De tudo que eu tinha passado até aquele momento, esse foi o momento em que eu mais senti medo.

Além de ser torturante pensar que perderia a minha querida tia eu sabia que enquanto ela estivesse comigo ninguém iria fazer nada contra mim.

Entretanto, se ela morresse quem pagaria a dívida com os coiotes? Foi ela que deixou uma garantia e se comprometeu com o pagamento.

Se eu ficasse sozinha, corria sério risco de morte ou coisa até pior.

Que inferno! Aquilo não podia estar acontecendo! Onde estava Deus naquela hora? Era tudo o que eu pensava.

Se existisse castigo pior do que passar por tudo o que eu estava passando, isso só podia ser ficar sozinha e sem a minha tia.

Por mais que eu gritasse, ela não me ouvia. Todos gritavam também e havia um barulho infernal, tanto dentro do baú, como o ruído do motor que vinha de fora.

Estava tão quente e tão abafado que eu comecei a ter taquicardia. Eu fechava os olhos e parecia mergulhar em um lugar tão escuro que sentia que estava morrendo.

Quando eu me entregava, ouvia uma voz dentro de mim que dizia para eu abrir os olhos:

- Não durma, não durma! Essa voz parecia ser da minha mãe.

O meu nariz estava tapado, e o esforço para respirar piorava a sensação.

Praticamente todos estavam agonizando e um a um começou a silenciar.

De novo eu voltava a mergulhar no escuro e de novo aquela voz ordenava que eu abrisse os olhos. Porém, eu já estava com a vista turva e não enxergava mais nada. Tinha a sensação de ter caído em um tanque de água fervendo e os sons também estavam abafados.

Ouvia como se tudo estivesse longe.

Lembro que minhas mãos começaram a escorregar e eu não conseguia mais segurar nos estrados de madeira – faltavam-me forças.

Novamente mergulhei no escuro e de novo abri os olhos pensando que tinha que me mover de alguma forma: minha tia precisava de mim.

Eu procurei me aproximar segurando nas grades laterais, tentei ir pelas beiradas, mas as pessoas não me deixavam passar.

Eu chorava, suplicava, dizia que minha tia estava morrendo, mas ninguém se importava.

Como eu me senti impotente!

Se Deus permitisse que ela morresse, eu nunca mais sairia daquele purgatório.

Fechei os olhos e clamei do fundo do meu coração, com as últimas forças que eu tinha.

- Meu Deus, eu tenho um propósito de vida. Eu preciso dar o meu testemunho. Permita-me completar essa jornada. Poupe a vida da minha tia, senhor!

De repente, eu a vi mexer os pés. Depois de algum tempo ela levantou a cabeça e eu pude notar que estava me procurando.

[1]

Naquele momento eu agradeci a Deus por ela estar viva! Inesperadamente a carreta freou. Todos se chocaram uns contra os outros e os engradados de latas foram todos para um lado, batendo nas laterais. Num ato reflexo, eu tirei a mão de dentro do vão e por muito pouco não me machuquei ou tive a mão prensada.

O motorista abriu as portas traseiras da carreta e uma golfada de ar entrou.

Percebendo que estávamos salvos de morrer sufocados,

[1] Imagem: Internet (momento da apreensão de um caminhão com imigrantes ilegais)

pelo menos naquele instante, eu, inexplicavelmente apaguei. Quando recobrei os sentidos estava chorando deitada no colo da minha tia, perto da beira da estrada, no mato. Eu chorava muito, não conseguia parar nem respirar direito. Meu coração estava tão acelerado que eu pensei que fosse morrer.

Minha tia me abanava com as duas mãos.

- Calma, Ji. Eu juro que agora falta pouco! Dizia ela, tentando me acalmar.

Mas a verdade é que eu estava fisicamente estressada. Meu corpo não respondia mais ao meu comando.

Esse trajeto que era para ser percorrido por cinco horas levou dezessete. Não entendíamos a razão pela qual isso estava acontecendo. Talvez quisessem despistar a polícia para não pagar suborno.

Eu salivava uma gosma branca e grossa que parecia fechar a minha garganta.

Tentava cuspir, mas a saliva não saía.

Não sei de onde veio quem me ofereceu um pouco de água de uma garrafa plástica.

Era muito pouco e estava quente, mas eu bebi e então eu consegui cuspir. Aí minha respiração começou a voltar ao normal. E eu fui me acalmando, o coração diminuiu as batidas e eu me sentei.

As pessoas estavam falando de alguém que havia morrido.

Era alguém muito conhecido, pois tanto os coiotes como os imigrantes estavam lamentado.

Eu ainda sentia tontura e não estava entendendo direito o que falavam.

Começaram a separar novamente as pessoas e formaram outros grupos.

Pouco a pouco a maioria foi sumindo com novos responsáveis.

O pavor voltou a tomar conta de mim. Estávamos ficando sozinhos. O que aconteceria agora?

Ainda estava fresca na minha memória a lembrança daquelas pessoas que ficaram na chuva naquele dia em que fomos para o galpão que tinha um caixão.

Será que aqueles conseguiram sobreviver?

Não encontramos mais ninguém daquele grupo, como nunca reencontramos ninguém em todo o trajeto que fizemos.

Eu olhei para o céu e estava muito limpo. Se o tempo não virasse, não tinha risco de chuva tão cedo.

Passado algum tempo, veio um novo responsável também para nós.

Ele mandou que a gente se levantasse e um nos levou (apenas eu, minha tia e o namorado dela) por uma trilha dentro do mato.

Andamos por algum tempo, e eu entendi que os coiotes tinham um vício de dar voltas, talvez para que a gente não soubesse retornar de onde tínhamos vindo, ou que perdêssemos o senso de direção. Se fugíssemos ou nos abandonassem, não saberíamos o que fazer.

Tive a sensação que andávamos em círculo.

Tudo que eles faziam parecia ter o único propósito de nos desorientar, cansar e desesperar.

Era uma guerra psicológica sem trégua.

Finalmente, entramos em uma clareira e de longe vimos uma roça, com um pasto.

Eu me preparei para de novo enfrentar os terrores em um galpão, ou coisa pior.

Estávamos tão exaustos que nem falávamos entre nós.

Era um silêncio perturbador e eu me esqueci de perguntar quem, tão famoso, teria morrido? Caminhamos mais um pouco e avistamos uma pequena casa de madeira com telhado de um tipo de vegetação (que mais parecia palha) misturada com barro.

Era um lugar bem pobre e de longe começamos a ouvir uma música do Michael Jackson - Thriller.

Teria luz elétrica ali, ou era um radinho de pilha como o do meu avô?

Eu procurava com os olhos algum barracão ou coisa parecida.

Por muito ruim que fosse, preferia ficar em algum lugar coberto, pelo menos não ficaríamos expostos ao tempo ou a animais selvagens.

Será que a gente iria ficar ali mesmo, jogado no terreno, como bichos, tendo que se virar para comer alguma fruta?

Eu desejei tanto encontrar uma bananeira no meio do caminho!

Quando eu morava na fazenda, as bananas até apodreciam e eu não dava a mínima.

Ah! Se eu encontrasse um daqueles cachos carregados, que festa eu não faria? Só de pensar, vinha água na boca e eu sentia até o cheiro delas.

Porém, eu sabia que isso não aconteceria, porque a vegetação era rasteira, além de não ter a mínima chance de nos depararmos com alguma árvore frutífera, também não iríamos ter sombra para nos esconder do sol.

Eu estava resignada. Talvez a gente não chegasse mesmo aos Estados Unidos.

Enquanto nos aproximávamos, analisava a casinha tão pequenina e pobre.

Será que seríamos recebidos por homens armados dessa vez também?

Todo mundo que cruzava o nosso caminho tinha que ser cruel e nos desprezar? Não era possível que não havia ninguém que temesse a Deus e que nos enxergassem como irmãos, naquele fim de mundo.

Eu orava baixinho e pedia que Ele enviasse um anjo para me fazer lembrar o quanto é bom encontrar o amor dele nas pessoas.

Eu não sabia quanto tempo havia passado desde que saímos do Brasil, mas achava que estava perto de completar um mês que vivia longe do convívio dos meus irmãos e avós, de amigos da escola, dos vizinhos e do pessoal da igreja... Como eles me fazem falta.

Finalmente chegamos à porta do casebre e um senhor moreno e muito idoso nos recebeu com um sorriso largo.

Era a primeira vez que alguém sorria para nós de forma calorosa.

Ficamos desconcertados. Confesso que até me deu medo. Poderia ser um psicopata ou alguém que quisesse ganhar nossa confiança para tirar o pouco que ainda tínhamos.

Ele cumprimentou a todos e perguntou ao coiote se nós três era tudo que chegaria aquele dia. Recebeu uma resposta afirmativa.

Mandou que entrássemos na casa dele. Fiz a menção de tirar meu tênis e ele me disse para esperar um pouco mais, iria para um quarto descansar e então eu poderia tirá-los. .

Mandou que sentássemos numa mesa em sua cozinha muito pequena e ordenou que bebêssemos água de uma pequena moringa de barro e tinha apenas um copo de água para cada um. Era uma água fresca, com sabor de lama. E foi a melhor água que bebemos até ali.

Ele nos perguntou se tínhamos fome.

Eu olhei para ele e arregalei os olhos. Lembro que falei

baixinho, minha voz nem saía:

- Por favor!

Então ele pegou três cuias de barro em um pequeno armário e nos ofereceu um arroz com frango tão delicioso.

Eu me segurava para não chorar e só pensava:

- Como é grande o meu Deus! Ele enviou um anjo, enfim!

No rádio de pilha, em cima da pia, uma música do Michael Jackson tocava após a outra.

- Agora vocês só precisam atravessar o Grande Rio que passa atrás dessa terra e já estarão nos Estados Unidos. Dentro de uns dias virão buscar vocês, por isso, vou ter de trancá-los no quarto. Seria um grande dia para se festejar, pois, o calvário de vocês está acabando, Pena que justo hoje morreu o Michael Jackson.

- Ele morreu hoje?! Do quê? E que dia é hoje? Eu perguntei assustada.

- 25 de junho. Foi hoje sim e não sabemos ainda do que ele morreu. Respondeu o simpático senhor, enquanto nos levava para o cômodo onde ficaríamos presos.

Como esquecer esse dia?

XVI

A travessia, enfim!

Quando entramos no quarto havia um homem deitado no chão sobre uma esteira de palha.

Ele era brasileiro e ele parecia estar feliz em nos ver.

Começamos a conversar um pouco e descobrimos que era gaúcho, tinha mais de cinquenta anos.

Estava bem abatido, desidratado e magro, mas parecia já ter sido um homem muito forte.

Falava com um sotaque bem típico do sul.

Sentei-me em um canto e ouvia   contar sobre sua trajetória.

Também tinha vindo pela Guatemala e ficado na mesma pousada que nós, naquele país. Tinha chegado lá logo ao dia seguinte que partimos.

Aparentemente teve mais sorte, seu trajeto até ali foi mais rápido. Ele já estava naquele lugar há dois dias esperando para atravessar.

O homem começou a travessia com um amigo da mesma idade que ele, mas que não suportou e aparentemente teve um infarto enquanto viajavam empilhados dentro de um carro, durante o trajeto pela Carretera A grutas de Tolantongo.

Em uma das vezes que fizeram a parada, o amigo não se mexia, estava inconsciente. Um enfermeiro que viajava junto tateou seu pulso e pescoço e disse que ele havia morrido.

Então o Coiote arrastou o corpo até uma parte que tinha um barranco, jogou muita gasolina, ateou fogo e chutou o pobre que desceu como uma bola de fogo.

Nesse momento, ele parou de falar e chorou muito. Disse, sussurrando entre lágrimas, que o amigo estava se arriscando nessa viagem porque seu filho sofria de uma doença rara e o tratamento era muito caro. Ele não tinha como pagar se continuasse trabalhando no Brasil. Muitas medicações vinham dos Estados Unidos e ele, de lá, além de ganhar em dólar, teria mais facilidade de fazer chegar os medicamentos até o menino.

Um conhecido que era gerente de um restaurante brasileiro em Manhattan garantiu-lhe uma vaga na cozinha, já que ele era churrasqueiro - e dos bons. Ele só **precisava** chegar até lá.

Tinha tentado entrar legalmente e mesmo com uma carta do gerente ao consulado americano, explicando que ele teria trabalho e alojamento e que era um chefe de cozinha especializado em carnes argentinas e do sul do Brasil, o visto foi negado.

Os dois amigos não haviam pagado por toda a viagem, assim como nós, o restante das dívidas só seriam saldadas quando eles chegassem aos Estados Unidos.

Perguntou-nos como foi a nossa negociação e quanto pagamos. Minha tia respondeu e os valores eram os mesmos. Ele tinha deixado duas motos e um pequeno trator de garantia.

Quando ele chegou nessa casa, havia cerca de dez pessoas. Todas tinham deixado garantias e nenhuma tinha pagado todo o valor.

No dia da sua chegada, quatro pessoas partiram para a travessia.

No outro dia, mais quatro se foram e ficaram um pai e uma filha e então chegou um casal.

Agora, pouco antes de chegarmos, esses quatro se foram.

O namorado da minha tia perguntou por que ele havia chegado sozinho.

Ele começou a contar que tinham rodado cerca de dez ou doze horas e o motorista se comunicava com alguém por rádio, que o orientava a mudar o trajeto toda hora. Estava fugindo das fiscalizações na estrada.

Ele sempre perguntava para os imigrantes quanto pagaram e se tinham saldado a dívida.

O gaúcho respondeu que, como nós, trocava de grupo toda hora. E na última etapa, feita de caminhão, quando parou no posto, ele e outras três pessoas só sobreviveram porque foram na cabine junto com o motorista. Quando chegaram perto do rio, os outros que estavam na cabine com ele foram para outro lugar, aparentemente iriam se preparar para carregar drogas no corpo.

Porém, o pior ele ainda não havia nos contado: ao chegarem perto dessa casa, ele desceu do caminhão e ajudou a abrir as portas traseiras. Era um caminhão frigorífico, e todos os que viajaram no baú, cerca de quarenta pessoas, estavam mortos.

- Nem que eu viva um milhão de anos vou esquecer o que eu vi naquele baú. O rosto de pavor, as pessoas todas arranhadas no pescoço, como se estivessem lutando contra a asfixia, antes de morrer. Por coincidência, ou não, esses já haviam pagado toda a viagem. Disse o gaúcho, de olhos fechados e com as mãos tampando o rosto.

Um silêncio doloroso se instalou naquele quarto.

Minha tia, que estava sentada na única cadeira, levantou e veio até mim, me abraçando e chorando. Beijou-me e olhou dentro dos meus olhos. Seu olhar era de gratidão.

Se eu não tivesse teimado em me negar a ficar no baú frigorífico, naquele posto de gasolina, nós não estaríamos vivos até aquela hora.

Talvez o coiote não tivesse ciente que somente pagaríamos na chegada ao destino...

Agora o gaúcho aguardava sua vez, pois os Coiotes não costumavam separar famílias que ainda não tinham pagado tudo, para garantir que essas chegassem juntas e o quanto antes pudessem trabalhar e juntar dinheiro para pagar.

O senhorzinho que morava lá disse que antes passavam muitas pessoas de uma vez, mas tiveram que reduzir porque o cerco estava se fechando e, cada dia mais, os riscos aumentavam.

Segundo o gaúcho, o dono da casa falou com ele algumas vezes, quando ele ficou sozinho, no dia anterior.

Contou que os coiotes que faziam essa parte da travessia eram os que mais ganhavam, pois se fossem pegos do lado norte americano, iriam apodrecer na cadeia e alguns até se suicidavam para não entregarem os comparsas, pois se isso acontecesse, os familiares poderiam ser executados, como vingança e exemplo para o resto do bando.

Ele também nos falou que suspeitava que as pessoas que pagavam tudo antecipado eram as que mais corriam riscos de não chegar.

Parecia-me muito estranha essa lógica, como alguém que pagava tudo tinha menos importância que quem corria o risco de não quitar a dívida?

Ele explicou que o intuito dos coiotes era ganhar dinheiro da forma mais rápida e fácil possível e não garantir a

129

sobrevivência de ninguém.

Isso eu já sabia, pois vivi e presenciei tantas coisas que confirmavam que eles não prezavam a vida dos "clientes", se é que podemos nos definirmos assim.

Disse, ainda, que quanto mais pessoas morressem pelo caminho, menos riscos os traficantes de pessoas corriam nas fronteiras.

Uma coisa era tratar com a polícia corrupta do México e Guatemala e suas leis cheias de brechas. Os policiais desses países eram mal preparados e mal pagos, dizia ele. Muitos não tinham orgulho de suas origens e nem eram patriotas. Talvez até tivessem o desejo de fugir das suas realidades e cruzar a fronteira, também.

Outra coisa, bem diferente, era lidar com uma polícia preparada, bem equipada, bem remunerada e submetida a um sistema rigoroso de vigilância, normas e leis.

Era óbvio que também haviam maus profissionais nos Estados Unidos e policiais corruptos, mas, segundo ele, não era uma prática institucionalizada.

Todo mundo, do lado de cá, sabia e convivia com a corrupção, como se isso fosse uma coisa natural. Assim como nos outros países pobres, notícias de corrupção não eram nem novidade nem causavam estranhamento em ninguém.

Nada que fosse ligado a esse tema no nosso mundo, ainda era motivo de escândalo.

Já as pessoas que viviam do lado norte americano tinham medo da justiça e respeito pela sua bandeira e instituições. Concluiu ele.

Como é que as coisas podiam ser tão diferentes de um lado e do outro de um rio? O ser humano não era o mesmo dos dois lados? A gente não pertencia à mesma espécie? Por que alguns temiam tanto as leis e construíam um país tão próspero e no outro, tantas nações eram cheias de problemas e tinham tantos miseráveis? O homem dizia que a questão estava na colonização. Mas eu lhe disse que a Índia também tinha sido colonizada pelos Ingleses e nem por isso a realidade social era muito diferente de países latinos ou africanos.

Conversamos muito tempo sobre história e política. Tentávamos nos afastar das lembranças ruins e passar o tempo de forma mais criativa possível. Então o rumo da conversa mudou drasticamente.

Ele gostava de gastronomia e enaltecia a qualidade da carne gaúcha, a maionese caseira e o churrasco de fogo de chão. Deu receita de galinhada e arroz carreteiro. Falou como era comum no sul o pinhão e como eles faziam paçoca dessa semente para comer com carne.

Minha tia, uma mineira que cozinhava muito bem, não deixou barato e começou a falar do frango com quiabo, feijão tropeiro e leitão a pururuca.

Eu ficava ouvindo e babando. Ai, que fome esse assunto provocava. Mas a gente, depois de tantos dias comendo pão mofado, quando muito, tinha diminuído o tamanho dos nossos estômagos e naquele momento, estávamos satisfeitos com aquele arroz com frango que o senhor tão simpático nos serviu.

No dia seguinte o homem serviu um pouco mais de arroz, agora sem nada. Foi a última refeição antes de partirmos para a última etapa da viagem.

Depois de dois dias ali, chegou um homem que nos levou para fora da casa.

Assustamos ao ver onze coiotes juntos, todos com garrafas de bebidas alcoólicas nas mãos e aparentemente drogados. Alguns estavam fumando um negócio estranho e pelo cheiro achei que era maconha.

Pelo sol, devia ser por volta de três ou 4 horas da tarde.

Eles nos levaram por uma trilha estreita e logo chegamos à margem do Rio Grande.

Minha tia me abraçou e disse:

- Viu? Agora é só cruzar este rio e já estaremos nos Estados Unidos!

Eu senti um frio na barriga. Olhava e não via barco nenhum. Perguntava-me como iríamos atravessar aquele mundo de água?

Não conseguia entender por que tinha tanto coiote junto só para passar quatro pessoas.

Eu já sabia que nunca era do jeito que eles falavam e nada era simples ou rápido.

[1] Rio Laredo, também conhecido como Rio Grande. Fonte: https://br.pinterest.com/pin/18436679698640149/?lp=true

Aliás, quanto mais fácil parecesse, mais complicado seria. Eu não caía mais nessa. Fiquei maquinando e pensando o que poderia acontecer.

Quais chances de realmente chegarmos do outro lado? Certamente tinha alguma "pegadinha" nessa história.

E se eles desistissem de querer receber o dinheiro que tínhamos que pagar? O que iriam fazer com a gente?

XVII

Olá, América!

Ficamos algum tempo ali, parados. Resolvemos sentar no chão para esperar pela decisão dos Coiotes.

Minha cabeça rodava e eu estava em pânico.

O olhar deles era cruelmente perturbador. Comecei a sentir uma sensação de perigo muito grande.

Só eu e minha tia éramos mulheres. Seríamos presas fáceis e sem a mínima possibilidade de reação ou defesa.

Alguns coiotes estavam tão bêbados que mal paravam em pé. Muitos nos olhavam como se fossemos dois pedaços de carne.

Era visível a preocupação dos dois homens que nos acompanhavam. Eles tampouco poderiam fazer alguma coisa para nos proteger.

Pensar na possibilidade de ser estuprada por onze homens, junto com minha tia, quase me enlouqueceu. Tive que me segurar muito para não entrar em pânico e começar a gritar por socorro. Mas quem me ouviria?

A poucos metros de nós os coiotes fizeram um círculo e começaram a discutir sobre alguma coisa que eu não entendia direito.

Estavam debatendo sobre o melhor trajeto? Talvez a discussão fosse para saber quem nos acompanharia, ou quantos fariam a travessia do rio conosco. Ou ainda, tudo isso junto. Um apontava para um lado, outro apontava para outro. Estavam muito irritados e começaram a brigar. Aconteceram alguns empurrões e uns tentavam acalmar os ânimos dos outros. De repente, um deles sacou uma arma e apontou para um dos que discutiam com ele. Meu coração veio parar na boca. Se eles não estavam se entendendo entre si, a situação era absurdamente pior do que eu pensava.

Houve um silêncio geral e, rapidamente, um que parecia ser o líder sacou a arma também e colocou na cabeça do que estava ameaçando o grupo, deu um tiro e o homem caiu. Enquanto guardava novamente o revólver, mandou que dois deles sumissem com o corpo. Eles saíram arrastando o homem que ainda agonizava.

Levantamos assustados e ao longe a gente via que o estavam enterrando vivo, em uma cova que já estava aberta!

Eu fiquei em choque e pensei que fosse desmaiar. Apoiei-me na minha tia que também tremia e estava ofegante.

- Meu Deus toma conta de nós! Não é possível que chegamos até aqui para morrer. Eu pensava.

O chefe advertiu os outros dizendo que lá ninguém teria outra chance se ameaçasse alguém do grupo.

Pelo pouco que eu entendi, alguns traficantes haviam sido apanhados em Laredo pela polícia da fronteira e todo o bando estava em pânico. Ninguém estava querendo atravessar conosco.

Era possível que houvesse muitos policiais e agentes do outro lado.

Um deles, com uma voz muito suave e bem baixinha disse algo como que sugerindo que nós voltássemos para a casa do velhinho e todos esperassem as coisas acalmarem.

Eu não sabia o que pensar. Seria melhor voltar ou acabar logo com essa agonia?

O líder andava de um lado para outro, tentando falar em um rádio que só fazia chiado e ninguém respondia.

Ele então falou alguns palavrões e deu algumas ordens e três ou quatro deles saíram caminhando pelo mato.

Depois de algum tempo, os que haviam saído, voltaram. Imaginei que procuravam enxergar como estava do outro lado da margem, com binóculos. Provavelmente buscavam um lugar com mais alcance de visão.

Eu me perguntava por que tantos homens juntos? Eram tantas questões na minha cabeça e ainda rondava o medo de morrermos ou algo de muito ruim acontecer agora, que estávamos mais perto do que nunca do nosso objetivo.

- Jesus! Falta tão pouco, falta tão pouco! Permita que a gente chegue do outro lado. Dizia a minha tia com as mãos juntas em oração.

Estava quase anoitecendo quando, finalmente, alguém chamou pelo rádio.

Parece que as coisas tinham acalmado.

Então, o chefe ordenou que preparassem a nossa travessia de uma vez.

Eu me senti tão aliviada!

- Aguenta firme, Ji, é só mais um pouco de sofrimento e logo estaremos com sua mãe. Disse minha tia visivelmente emocionada.

Hoje eu imagino o peso que ela carregou. Se algo de pior acontecesse comigo ela não teria paz em sua vida. Mas, ninguém é capaz de imaginar o limite da crueldade desses criminosos que se aproveitam do desespero da gente.

Um dos coiotes caminhou cambaleando até uma moita

próxima da beira do rio e nos chamou.

Levantamos e andamos até ele. Eu estava desconfiada e relutava em acreditar que iríamos realmente atravessar. Tinha medo que eles estivessem tramando algo contra nós e nos matassem. Por que queriam agora que a gente se enfiasse no mato? Onde estava o barco ou o bote para a travessia? Estava muito quente e o ar estava parado. Não havia uma nuvem sequer no céu e não ventava nem um pouco.

Eu respirava fundo puxando o ar quente e parece que ele não vinha. Meu coração disparou de novo. Eu mal tinha me recuperado do que havia passado naquele caminhão de refrigerantes e estava outra vez em uma situação em que a dose de adrenalina era extrema.

Pensava com compaixão no senhor gaúcho, com muito mais idade que eu. Como estaria suportando tudo aquilo?

Quando estávamos em Governador Valadares eu ouvi muitas histórias sobre as coisas que aconteciam na travessia de imigrantes ilegais.

Algumas histórias de pessoas que estavam vivendo maravilhosamente bem nos Estados Unidos contrastavam com relatos muito tristes.

Cheguei a ver familiares fazendo vaquinhas para pagar despesas de traslados de corpos de brasileiros que morreram pelo caminho, para pagar advogados na tentativa de diminuir o tempo nas prisões americanas ou agilizar a deportação.

Contavam também histórias de pessoas que sumiram na travessia e ninguém nunca mais soube nada. E ainda havia os casos daquelas que morriam pelo caminho, mas estavam acompanhadas e então a família acabava tendo conhecimento do seu fim, mas não podiam procurar pelo corpo, como era o caso do amigo churrasqueiro do gaúcho, que nos acompanhava.

E também aqueles que morriam no deserto ou em um rio. Certamente seria esse o rio do qual tanto falavam e que era um dos pontos mais dramáticos da travessia. Porém, nunca tinha ouvido falar de quem morria de outras razões: asfixia, intoxicação, desidratação, infarto, etc. E essas coisas também acontecem.

Mirava para o rio e pensava que precisaria ter ainda mais coragem, agora. E se eu morresse afogada? Eu nem sabia nadar! Tinha pavor daquela situação.

Quando chegamos ao ponto que o coiote estava, havia algumas boias esparramadas e escondidas no mato.

[1]

Boias?! Eu não conseguia acreditar que iríamos enfrentar aquele monte de água com uma simples boia. Se ela virasse, estaria tudo acabado. Eu pensei que era mesmo o fim da linha. Por isso tanta gente morria naquele rio.

Ele ordenou que minha tia e eu arrastássemos uma para a margem e os outros dois homens arrastassem mais uma. Obedecemos silenciosamente.

---

[1]Rio Bravo do Norte para os Mexicanos, Grande Rio para os Americanos. Muito mais largo do que parece é o grande desafio dos imigrantes ilegais. Fonte: https://www.bbc.com/portuguese/internacional-47341063

Quando as duas estavam na margem, ele ordenou que tirássemos a roupa.

Aquilo era demais para mim. Estava muito claro que iríamos morrer no rio. A distância das margens era gigantesca e devia ser muito fundo, para quê passar por mais essa humilhação? Era uma situação limite. Não havia como recuar. Não tinha como voltar mais para o Brasil, sem ser deportada. Agora a única coisa a fazer era se aventurar nesse rio assassino.

Foi a primeira vez que eu arrisquei falar em espanhol. Depois de dias ouvindo esse idioma, senti vontade de exercitar o pouco conhecimento que adquiri e me tornar mais inteligível para aquele escroto irresponsável.

- Y por qué "isso" ahora? Por qué "temos" que quitar las ropas? Desafiei em portunhol.

Ele argumentou que precisávamos chegar secos do outro lado, ou chamaríamos muito a atenção. Fazia sentido. Os homens já estavam nus e eu ainda negociava.

Disse que poderia tirar as calças e ficar de calcinha, sutiã e blusa, já que passaríamos dentro da boia. Amarrei as calças no pescoço sem esperar pela resposta dele. Colocamos as mochilas em um saco e entregamos a um dos homens do bando. O Coiote ordenou que eu entrasse e jogou minha tia sobre mim. E nos lançamos na água. O rio era muito mais largo do que parecia. Não sei quanto tempo de fato demorou, mas garanto que foi uma eternidade. E cada tanto que a gente avançava, a correnteza nos levava para trás.

Depois de algum tempo lutando contra a força da água, finalmente chegamos do outro lado.

Estávamos finalmente na fantástica América dos nossos sonhos dourados! Agora éramos livres e tudo seria lindo e maravilhoso...

Só que não...

XVIII

Uma noite sem fim

Assim que descemos do bote, vesti minhas calças rapidamente.

Os homens que estava conosco chegaram um pouco antes.

Perto do rio havia um barranco muito íngreme e logo já avistamos três cercas com uma testeira muito ampla de arames farpados. Elas eram altas e não se via as extremidades laterais. Parecia não ter fim. Imagino que sua extensão cubra toda a fronteira dos EUA com o México. Corremos até ela.

Foi muito difícil subir, pois escorregávamos e caíamos no barranco.

Passar por aqueles obstáculos foi mais um exercício extra de autocontrole emocional. Íamos o mais depressa possível, tateando cuidadosamente para não nos ferirmos gravemente.

Era quase impossível não se machucar ali. O nosso corpo ia raspando nas farpas e elas furaram as nossas roupas, braços, mãos e pernas.

Apesar de fazermos tudo correndo, parecia que aquilo nunca ia acabar e o coiote gesticulava silenciosamente. Os dois homens passaram primeiro e nos ajudaram.

Percebi que um coiote nos esperava com outros imigrantes do outro lado das três cercas e me olhava de forma muito maldosa. Eu sentia seus olhos percorrerem meu corpo.

[1]

Foi nesse lugar que nos juntamos às duas mulheres mexicanas. A mais jovem e a outra senhora, que decidiram esperar pelo coiote no deserto, um pouco antes de sermos capturados pela polícia.

Assim que cheguei do outro lado o homem do bando veio até mim e eu lhe perguntei sobre as nossas mochilas. Ele me disse que as veríamos somente no final da travessia, na cidade em que nos liberariam. Era mentira. Eles roubavam todas as pessoas antes de atravessarem o rio.

Caminhamos por uma trilha no mato e chegamos a um vilarejo muito pequeno, muito parecido com o México. Estaríamos mesmo nos Estados Unidos?

Caminhamos por algum tempo, o sol estava se pondo,

[1] Cercas próximas a um barranco muito íngreme: autocontrole emocional extra
Fonte: Por U.S. Navy photo by Steelworker 1st Class Matthew Tyson

mas, ainda havia claridade.

O Coiote ordenou que todos descansassem por alguns minutos e depois retomamos a caminhada. O sol se pôs de repente e escureceu de uma vez.

Estávamos andando apenas sob a luz da lua.

Era difícil enxergar e ouvíamos sons de animais que se multiplicavam, conforme avançávamos.

Então, minha tia deu um grito e sumiu. Ela estava bem atrás de mim.

O namorado dela estava na minha frente e não ouviu nada.

Eu parei e me virei para trás buscando por ela.

- Tia, tia! Eu gritava e ela não respondia. Os outros continuavam a caminhar. Eu gritei novamente e o namorado dela veio ao meu encontro enquanto o resto do grupo seguia adiante.

Ele deu um assobio parecido com os que os guias faziam para se comunicar. O coiote mandou todo mundo parar e veio perguntar o que tinha acontecido.

Dissemos que ela tinha caído em um buraco. Não era muito fundo, mas ela não conseguia sair.

O homem acendeu a lanterna e vimos que era uma espécie de cova. O namorado dela conseguiu puxá-la com ajuda do gaúcho. Eu lembro que vi a mão de uma pessoa morta que estava lá dentro.

Continuamos caminhando, minha tia mancava, se esforçando para apertar o passo, sem reclamar.

Finalmente avistamos uma casa muito pequena. O coiote espalmou a porta e entrou. Não havia ninguém lá, com exceção de baratas no chão e morcegos no teto. Isso já nem me incomodava mais. Ele, que já me olhava desde a hora que saímos do rio, perguntou de onde eu era. Respondi que vinha do Brasil e ele sorriu dizendo que as brasileiras eram mulheres quentes. Ofereceu-me tequila.

Eu me neguei a tomar e ele insistiu. Minha tia interveio e disse-lhe que eu não estava sozinha. Pediu que me respeitasse, pois se alguma coisa me acontecesse, ela não pagaria o que ainda faltava.

Ele sorriu e olhou nos olhos dela com raiva. Também a analisou com lascívia.

Esse homem estava tão bêbado quanto os outros que estavam do lado de lá do rio e ria muito, o tempo todo. Na verdade, parecia estar drogado também.

Como esse tipo de pessoa poderia ser responsável por um trajeto tão arriscado? Eu pensava. Por outro lado, quem - bom e decente - poderia se sujeitar a esse trabalho?

Tenho certeza que a maioria das pessoas que embarca nessa aventura não tem a menor noção do quanto é perigoso e não imaginam com qual tipo de pessoa vão ter de lidar.

Penso que muitos nem consideram que entrar ilegalmente em outro país é algo tão sério. Muitas imaginam que o fato de terem boas intenções - querem apenas um trabalho decente que lhes ofereça um mínimo de conforto e uma oportunidade de viver com dignidade - justifica tudo.

No fundo, para os imigrantes ilegais, apesar do conhecimento de que não é correta tal invasão, não há a noção real da gravidade da coisa: quem arrisca a própria vida nessa rota vem de países em que a moralidade e legalidade são relativizadas pelas atitudes dos próprios governantes e políticos.

Não se tem essa percepção do rigor e da justeza com que países de primeiro mundo lidam com suas normas e leis. Passa-se a vida convivendo com tanta violência e corrupção das próprias figuras públicas, que se torna muito tênue a linha divisória entre a legalidade e a ilegalidade.

Voltando ao coiote, ele agora começara a falar que se fossemos pegos ali não tinha saída, seríamos presos ou, com muita sorte, deportados.

Também falou para prestarmos atenção nas suas ordens e colaborar com ele. A nossa vida estava em suas mãos. Ele nos preveniu que se fosse necessário nos mataria para garantir que o resto do grupo seguiria em frente com segurança.

Começou a contar histórias de pessoas desobedientes e rebeldes que ele tinha matado e lançado aos verdadeiros coiotes do mato. Esses animais devoravam suas presas e depois as carcaças servem de alimento aos urubus.

Eu não estava gostando nada dessa conversa. Parecia que ele queria afetar ainda mais o nosso emocional e nos intimidar.

Por falar em intimidação, ele continuava olhando para mim.

Eu vi que se sentou, abriu sua mochila e pegou uma espécie de canudo como se fosse uma tampa de caneta, só que um pouco mais fina e que tinha um pozinho branco dentro. Destampou e enfiou no nariz, aspirando profundamente. Depois, bateu várias vezes no seu nariz e na própria cabeça. Estava frenético e conforme respirava, seu bigode tingia-se de uma gosma branca.

Levantou de repente e veio até mim e começou a me bolinar, tentando me puxar para um cômodo - o único que tinha porta. Eu ameacei gritar e tentar socá-lo e ele tapou minha boca.

Minha tia me puxou para perto dela e disse muito devagar - simulando uma calma que ela realmente não tinha naquela hora - pedindo para ele me soltar ou então não veriam o nosso pagamento. O namorado dela, o gaúcho e outros homens se levantaram em sinal de protesto do que estava acontecendo e ele percebeu que as coisas poderiam sair do controle, acabando muito mal.

Então falou algumas palavras no dialeto indígena mexicano e resolveu me deixar em paz.

A casa não tinha iluminação elétrica e nem móveis. O coiote abriu a porta daquele cômodo, entrou e se trancou por dentro.

Finalmente nos sentamos no chão, encostados nas paredes. Todos respiraram aliviados com a ausência daquele demônio.

No grupo havia outros brasileiros. Um disse que era a segunda vez que fazia esse trajeto em um curto espaço de tempo e que agora faltava realmente muito pouco para chegarmos. Pelos seus cálculos, seria menos de um dia de caminhada.

Ele nos contou um pouco de como foi sua primeira travessia e confirmou que já estávamos nos Estados Unidos, perto da fronteira com Laredo.

Advertiu que quando entrássemos no deserto não devíamos comer nenhuma planta do caminho, pois muitas eram venenosas.

Havia cobras e escorpiões, por isso, recomendou que não mexêssemos em pedras ou troncos caídos. Lagartos também eram perigosos. Falou que devíamos ficar vigilantes e não nos afastar uns dos outros.

Avisou que a partir dali teriam muitas rondas de policiais e que deveríamos ficar em silêncio para não sermos descobertos.

Contou ainda que foi deportado e agora estava tentando de novo, porém, com uma identidade falsa.

- Mas e as suas digitais? E se pegarem você de novo? A coisa vai ficar feia, a polícia americana não é de brincadeira. Alguém falou.

- Ah! Passando pelos guardas a gente dá um jeito. Respondeu ele.

- El "famosso xeitinho brassilero". Disse outro latino.

- E você é de onde? Alguém perguntou ao que acabava de falar.

- Argentina.

- "Muito" bién, ermano! Quer dizer que só nós é que temos um "xeitinho"? Que eu saiba aqui todo mundo está na mesma situação. Somos todos ilegais. E tinha que vir um argentino para dar lição de moral.

- Bah! Sou gaúcho da fronteira, não quero briga aqui! Disse o senhor que nos acompanhava, sorrindo. Vamos falar de futebol, assim ninguém pelea. Completou ele.

Todo mundo riu.

Como um Brasileiro e um Argentino falariam de futebol sem discutir? Só podia ser uma grande piada.

Aquele senhor tinha o dom de mudar o clima de qualquer conversa, como todo bom brasileiro.

Se toda aquela rota estava penalizando jovens como eu, o que dizer dele? Ainda tinha o agravante de ter perdido um grande amigo em uma situação tão traumática, como eu já contei. E estava lá, altivo, rindo da situação e trazendo leveza à nossa cruz que pesava tanto naquele momento.

A conversa seguiu animada e todos riam.

Por algumas horas, esquecemos tudo o que estávamos passando: nossas dores, fome, sede, medo, insegurança e ansiedade para que cada um finalmente seguisse seu destino, livre.

Eu não ria assim há muito tempo.

Entretanto, no fundo, para mim, aquela noite parecia não ter fim.

Consolava-me pensando que apenas seria mais um dia de caminhada e logo eu estaria nos braços de minha amada mãe, a espera do meu pai.

XIX

Onde está a minha mãe?

Na manhã seguinte acordei chorando baixinho.

O sol ainda não havia aparecido e todos dormiam.

Senti uma sensação de abandono e o medo aumentou ainda mais.

Eu não era a mesma menina ingênua e sonhadora que havia saído de Goiás.

Nem nos piores pesadelos de toda a minha vida pensei que passaria por tudo o que estava passando.

Aconteceram tantas coisas e quantas ainda poderiam acontecer até que eu chegasse a Boston?

Era uma angústia tão forte, uma quase certeza que de fato a gente não conseguiria completar a viagem.

Será que eu tinha ido longe demais com a decisão de procurar a minha mãe?

Quando lembrava na minha vida na roça parecia que essa realidade estava tão longe, como se fosse um sonho.

Antes de iniciar essa caminhada, eu achava que tudo ia ser tão simples e que todos que cruzassem meu caminho iriam ser bons.

Porém, a minha confiança nas pessoas pouco a pouco

começou a desmoronar e eu já não sabia mais acreditar em ninguém.

Minha fé oscilava entre um sentimento puro e fervoroso e a mais genuína revolta, sensação de impotência e incompreensão. Muitas vezes eu questionava, para mim mesma, a razão pela qual Deus - se é que ele existia - permitia que a gente sofresse tanto?

Em outros momentos eu mesma considerava que tínhamos livre arbítrio para escolher nossas experiências e devíamos arcar com as consequências.

Mas, na sequência refletia que nossos castigos nessa empreitada estavam sendo absurdamente desproporcionais.

Queria falar com Deus, perguntar-lhe olhando nos seus olhos quais eram os nossos pecados?

O quê de tão grave e terrível eu e essas pessoas, que tentavam buscar uma vida melhor, estávamos fazendo para merecer tamanha penitência?

Eu entendia que a minha maior culpa era querer estar com a minha mãe e meu pai. Qual filho ou filha não faria qualquer coisa para estar com os seus?

Quando eu chegava à conclusão que não havia outra razão para eu ser punida, sentia muita raiva. E então meu sangue esquentava e meu coração batia mais forte.

Eu sempre dizia aos meus amigos, em Goiás, que se fosse preciso, para encontrar meus pais, eu iria ao inferno! E parece que Deus me ouviu. Lá estava eu!

E agora?

Era hora de agradecer por ter minha determinação atendida ou de reclamar justamente pela mesma razão?

Lembrava-me do rosto de cada pessoa que cruzou o meu caminho até aquele momento. Onde estariam todos aqueles imigrantes? Teriam chegado? Quantos haviam morrido? Quantos, sequer, nem teriam um enterro digno? Talvez seus ossos fossem esquecidos ou espalhados por aquela terra que parecia ser de ninguém, ou, pior ainda, do Satanás! Quantos familiares estariam naquele mesmo momento chorando por seus filhos e filhas, maridos e esposas, irmãos, mães e pais?

Por falar em irmãos, a última lembrança que tinha dos meus era a imagem de rostos marcados por choro e dor na despedida.

Será que um dia eu os reencontraria? E meus avós? Voltaria a vê-los? Eles me perdoariam?

Por vezes, e durante alguns instantes minha cabeça ficava totalmente confusa.

Por uns segundos eu já não sabia ao certo se de fato eu tinha saído do Brasil, ou se todas as lembranças da minha família eram coisas da minha imaginação.

Será que eu estava ficando louca?

Teria eu, algum dia, vivido uma vida normal? Ou tudo não passava de um estado de loucura? Será que eu havia morrido e pagava, agora, minhas faltas no purgatório?

Ruminava tudo naquela hora sentada, olhando as outras pessoas. Mas, fazia isso também caminhando ou enfiada nos carros em que éramos jogados.

Quando a confusão passava, pouco a pouco eu recobrava minhas lembranças. Entretanto, nem tinha 100% de certeza de que estava vivendo a realidade, nem era 100% consciente dos meus estágios de delírio.

Mas, pelo menos uma coisa era certa: eu tinha uma mãe e um pai e eles deveriam estar me esperando em algum lugar.

Já havia passado um bom tempo e agora os primeiros raios de sol começaram a despontar no horizonte. Os outros iam acordando, pouco a pouco.

Ouvimos passos apressados e pensamos que fossem policiais.

Todos nós nos encolhemos em um canto do pequeno cômodo, como baratas assustadas.

Subitamente entrou um coiote com mais alguns imigrantes e havia alguns outros coiotes que ficaram do lado de fora.

O que entrou ordenou que saíssemos e um deles nos aguardava para continuar a caminhada. O novo guia fez um gesto em silêncio para que o seguíssemos e todos fomos em fila indiana atrás dele.

A essa altura eu estava no automático - não raciocinava mais e meu corpo todo tremia. Acho que era fraqueza, cansaço, fome ou sede. Ou tudo isso junto. Qual era mesma a última vez que tínhamos comido? Eu não me recordava.

[1]

Caminhamos por algum tempo e o sol já estava a pino. Eu

---

[1] Primeiros raios de sol no horizonte. Foto: Photo by Marcus Dall Col on Unsplash

olhava para a paisagem em nossa frente e via grandes poças de água. Apertava o passo e quando chegávamos naquele ponto, não havia nada… As poças pareciam fugir de nós, sumiam, reaparecendo sempre um pouco mais adiante. Eram miragens. Caí e machuquei o meu braço. Estava tonta e não conseguia enxergar direito, minha vista estava embaçada. Alguém me levantou. Continuei andando mecanicamente, seguindo o grupo.

Eu olhava e só via uma vegetação rasteira, muitos cactos para todos os lados em um terreno árido.

De repente, quando o calor estava insuportável, eu comecei a enxergar a minha mãe, em pé, bem adiante.

Primeiro era um vulto, depois sua silhueta ia ficando mais nítida ganhando contornos.

Quando chegava mais perto eu a via tão real que não podia ser coisa da minha imaginação, raciocinava.

Ela estava sorrindo e segurava um copo com suco para mim. Saí correndo e tropecei.

Levantaram-me de novo.

O coiote ordenou à minha tia que me controlasse para não chamar a atenção da ronda policial. Já estávamos perto da estrada e de lá pegaríamos uma carona em um carro de alguém da "matilha".

Eu sussurrei dizendo que havia visto minha mãe e minha tia me abraçou dizendo que eu estava delirando. Caminhamos um pouco mais adiante e na beira da estrada outro coiote nos aguardava. Ele nos deu uma garrafa de refrigerante de 2 litros com água - que estava morna - e cada um deu um gole.

Aqui é o ponto em que eu comecei a narrar minha aventura no início do livro.

Seguimos até a casa próxima a Laredo, voltamos ao deserto, fomos abandonados pelo coiote que chamamos de Estátua da Liberdade no meio do nada, onde as mexicanas ficaram. Passamos por Bruni e finalmente fomos apanhados pelos policiais, após a denúncia da senhora que estava na janela, como contei no capítulo II - Bruni - O começo do Fim.

[2]

Agora eu havia contado tudo para o agente da imigração e ele me olhava fixamente nos olhos. Eu não conseguia saber o que ele pensava, ou o como ele interpretaria a minha história.

Minha tia não estava mais ao meu lado e eu sequer sabia como encontrar a minha mãe. Que Deus mandasse um anjo para me proteger... Era o que eu clamava silenciosamente.

[2] Deserto de Laredo: começo do fim
Foto: https://www.freepik.com/free-photos-vectors/light"

Um anjo sem nome

O agente me olhava com pena e talvez um pouco indeciso sobre o que fazer comigo.

O telefone tocou e ele atendeu, falando em inglês.

Quando desligou, ele me disse que as mulheres mexicanas haviam morrido.

Eu chorei baixinho e as lágrimas desciam no meu rosto.

- Nós insistimos tanto para que elas nos acompanhassem...

- Você não tem culpa! Todo dia morrem pessoas nesse deserto. Ele me ofereceu um lenço de papel, que logo ficou muito sujo.

- Vi tantas pessoas lutando para chegar até aqui... Quantas realmente conseguem?

- Na verdade, muito poucas. Segundo a **International Organization Migration**[1], mais de 60% de imigrantes que morrem na América são vitimadas na fronteira entre Estados Unidos e México.

- E por que vocês não fazem nada?! Eu perguntei indignada.

---

[1] Dados: IOM - Internacional Organization for Migration 2017

- Então... a gente faz. Existem leis de imigração aqui. Existem normas, regras, avisos! Mas as pessoas não levam a sério. Colocam a vida delas em risco. Isso quando não colocam a vida dos filhos ou dos pais idosos...

- Mas por que é tão difícil conseguir um visto para entrar aqui? A grande maioria dos imigrantes quer apenas trabalhar e servir aos EUA, por que então o governo americano insiste em manter tantas dificuldades contra os imigrantes? Tratam todo mundo como bandido!

- O problema é que as pessoas querem vir para cá mesmo sem serem bem vindas. Se todo mundo que quisesse entrar no país, conseguisse, logo isso aqui ia ficar um lugar insuportável. E então as pessoas iriam querer fugir daqui também. Ele riu.

- Porém, a forma como vocês tornam tudo mais difícil alimenta o crime e não permite que se tenha uma visão real das pessoas que acabam vivendo na marginalidade. Isso não é muito pior?

- Você acha que os Estados Unidos tem obrigação de fazer pelos imigrantes ilegais o que o próprio país de origem não faz?

- Mas existe trabalho aqui que nenhum americano quer fazer. E esse mercado é alimentado com a mão de obra barata que somos...

- Não é simples assim. Uma vez que alguém entra aqui e é reconhecido como cidadão, ele tem direitos. E esses direitos precisam ser dados pelo Estado. Até quem é preso na fronteira ou deportado acaba trazendo gastos que todos os americanos e imigrantes que estão legalmente aqui vão ter de pagar. Você acha justo mandar para sua casa uma conta para você pagar de uma despesa que você não escolheu ter, porque o seu vizinho não consegue resolver os problemas dele dentro de casa?

- Eu não acho nada. Eu só acho que tem muita coisa

errada nesse mundo e ninguém vê. Vocês podiam vigiar melhor a fronteira...

- Nós vigiamos a fronteira. Elas estão cobertas de câmeras. Porém, esperamos por vocês no checkpoint. Hoje é muito difícil alguém conseguir passar sem ser visto. É praticamente impossível.

Eu olhei pra ele novamente indignada. Ele me pediu o telefone da minha mãe. Felizmente, eu tinha decorado esse número e falei rapidamente enquanto o agente anotava. Ele se levantou e saiu.

Eu fiquei pensando sobre tudo o que conversamos. Então, eles sabiam que as pessoas morriam e não faziam nada? Talvez não vissem ponto por ponto, metro por metro de chão do deserto, muita coisa podia ainda escapar. Mas será que eram capazes de saber que alguém estava morrendo e ficariam com os braços cruzados, assistindo?

Se eles eram tão frios assim, o que eu podia esperar? O que aconteceria comigo agora? De repente senti um grande desespero. Minha mãe não sabia onde eu estava e eu nem tinha como falar com ela.

Será que eles iriam me prender? Será que eu voltaria para a casa dos meus avós? Quanto tempo eu demoraria em saber o que me aconteceria?

Minha cabeça estava cheia de perguntas: quer dizer que eu tinha vivido tudo aquilo para simplesmente terminar fichada como bandido?

Minha alma mergulhou em um vazio total.

Eu ouvi algumas vezes que se a gente deseja muito uma coisa, ela acontece. E eu desejava tanto ver minha mãe e encontrar meu pai e estar com eles e agora tudo parecia perdido.

Eu olhava para o chão e meus pés estavam pisando o

mesmo território que os pés dos meus pais, mas eu comecei a pensar que não iríamos nos ver novamente. Nunca mais...

Hoje eu sei que após minha ligação em que disse que estava indo encontrá-la, minha mãe ficou muito preocupada e depois de algum tempo sem notícias, pensou que eu havia morrido.

Ela ficava o tempo todo procurando por informação de pessoas detidas na fronteira. Quando os noticiários davam conta de prisões de imigrantes ilegais, ela ficava buscando, de canal em canal, saber quem eram essas pessoas. Procurava o meu rosto nos jornais.

Quando tinha notícia que haviam encontrado pessoas mortas na fronteira, ela logo se desesperava, porque achava que dessa vez viria a pior notícia de todas.

Porém, ela não podia se expor. Ainda estava esperando pela legalização de seus documentos.

Se ela fosse me buscar poderia configurar que ela estava me trazendo ilegalmente e seria deportada.

Por isso, ela havia solicitado ao seu namorado americano que tentasse nos ajudar, mas eles moravam em Rhodes Island, Boston, que fica às 8h de voo de Laredo e ainda tinha o fuso horário. Ele não conseguiu nos socorrer a tempo, no posto de gasolina, de onde ligamos para minha mãe.

E desde muito antes, provavelmente estávamos sendo monitorados por câmeras, mesmo dentro do posto.

Para que a polícia nos capturasse foi apenas uma questão de tempo. Bastou esperarem que chegássemos até eles...

O oficial voltou, sentou-se e ligou para alguém.

Era uma mulher e eu ouvi de longe a sua voz. Meu coração veio à boca novamente. Era a voz da minha mãe!

Ele se identificou e lhe disse que eu havia sido capturada. Fez algumas perguntas e explicou-lhe algumas coisas que eu não entendia direito.

Eu desatei a chorar. Ouvia minha mãe chorando do outro lado também.

Então ele me entregou o telefone e nos deixou conversar um pouco.

Foi muita emoção. Eu chorava de um lado, ela do outro. Ela me perguntava muitas coisas e eu não conseguia falar. A voz da mãe da gente é o som mais doce no mundo. Só de ouvi-la parecia que tudo estava bem.

Ela me pediu para ter fé e colaborar ao máximo com eles. Implorou para que eu não mentisse em nada, mas nem precisava, eu tinha sido totalmente sincera.

Ela me falou que desde que eu havia ligado para ela de Governador Valadares ela orava e clamava a Deus pela minha vida. Estava desesperada, pois não tinha como me procurar.

Pediu-me que eu orasse e agradecesse o grande livramento que havia passado. Era um milagre eu estar viva, ela repetia.

- Fiquei tão brava quando você desligou na minha cara! Mas, graças a Deus e à sua misericórdia você conseguiu chegar até Laredo e agora o que importa é que você está viva e salva! Merecia umas palmadas por fugir da casa dos seus avós e nem me deixar falar ao telefone, porém, você já foi castigada muito além da conta. De onde vem essa sua teimosia? Ela me perguntou e rimos e choramos ao mesmo tempo.

Eu só repetia:

- Mãezinha, vem me buscar, mãezinha, vem me buscar!

- Eu não posso fazer isso agora. Você não sabe como estou com o coração apertado, o agente me falou que eu não lhe reconheceria se lhe visse! Minha filha, glória a Deus por esse milagre na sua vida! Por favor, não fuja nem se revolte. Eu juro que tudo vai ficar bem, mas vamos ter que esperar mais um pouco para nos encontrarmos. Tenha paciência e ore, apegue-se com Deus. Escute com atenção o que agente vai explicar. Ele vai falar tudo direitinho para você.

O agente pegou o telefone e trocou mais algumas palavras com a minha mãe e desligou.

Ele começou a me explicar que minha mãe, primeiro, tinha que resolver a situação dela.

Ela saberia o que fazer. Até lá, eu ficaria sob a tutela do Estado.

   -   Se alguém lhe perguntar sobre o seu passaporte, diga que perdeu no mato. Não vou fazer a anotação de porte de documento falso no seu cadastro. Assim vai ser possível sua mãe solicitar a sua permissão de migração de familiar.

   -   Eu vou ficar? Eu vou ficar? Eu não vou ser deportada?

Levantei da cadeira e perguntei eufórica, pulando como uma louca.

Ele riu enquanto preenchia um formulário.

   -   Calma, vaqueira! Ainda tem muito chão pela frente... Não vai pensando que tudo serão flores. Apenas colabore para que as coisas aconteçam o mais tranquilo possível.

Ele apertou uma campainha e vieram dois policiais.

[2]

[2] A minha primeira vez em uma cela.
Imagem: Internet

Pegaram o meu prontuário e levaram-me para um corredor que eu ainda não conhecia. Enquanto eu caminhava me dei conta que nem sabia o nome daquele homem que foi tão clemente e generoso comigo. Para mim, ele era um anjo sem nome, enviado por Deus. Descemos umas escadas e me colocaram numa cela. Entrei e olhei: tinha apenas uma cama de cimento, sem colchão, uma pia e um vaso sanitário. Ouvi a grande porta de ferro se fechar atrás de mim.

Eu estava presa??!

XXI

A minha cela nos EUA

Aquelas instalações foram projetadas para receber bandidos. Eu não era um bandido! Era uma adolescente indefesa, mas isso não importava agora para eles...

Eu olhei ao redor e me vi enclausurada e sem saber o quê iria acontecer comigo dali em diante.

Quanto tempo eu ficaria lá? E se tivesse que ir a julgamento? E se fosse condenada? Quanto tempo minha mãe precisaria para resolver sua documentação e se legalizar no solo americano? Será que eu a tinha prejudicado com meus atos? Ela poderia ser responsabilizada e punida por minha causa?

Eu não sabia como era nos EUA, mas, no Brasil me disseram que os pais respondem pelos filhos até os dezoito anos.

Lembrava-me que o agente falou com minha mãe e explicou um monte de coisas. Parecia tê-la orientado, mas isso não me tranquilizava.

Eu havia aprendido com os coiotes que não se pode acreditar em nada que nos falam.

Foram tantas promessas e tantas perspectivas de coisas boas e depois tudo desmoronou. Cada dia naquele inferno com aqueles monstros foi um terror. Um dia pior que o outro.

Eu havia entrado em uma espiral de acontecimentos que não paravam mais!

Será que não iria conseguir levar uma vida normal outra vez?

Fiquei completamente desesperada. Precisava falar com alguém, precisava de carinho, de conforto e afeto e tudo a minha volta era cimento, frio e solidão...

A cama, de cimento, não tinha colchão! Uma divisória separava o vaso sanitário de metal do restante do cubículo.

Não tinha cobertor, nem água para beber, nem nada.

Era um profundo silêncio e uma sensação indescritível de abandono.

Bati algumas vezes na porta e gritei. Ouvi alguém falar comigo em um alto falante e disseram alguma coisa com o tom de voz de quem está dando ordens. Eu não entendia nada, não falava inglês. Percebi que eu estava sendo monitorada por uma câmera. Eles viam tudo, inclusive quando eu usava o vaso.

Que vergonha! Não bastava ter passado tudo o que passei na travessia, ainda tinha de lidar com isso.

Sentei em um canto da cela, como se fosse possível me esconder.

Estava tão magra que sentia dores nos ossos da região do quadril quando ficava algum tempo sentada.

Comecei a me analisar. Tirei os tênis e as meias. Eles estavam destruídos. Meus dedos estavam inchados e doloridos. A planta do pé estava cheia de calos e bolhas de sangue. As unhas dos dedos dos pés estavam inflamadas.

Minhas pernas estavam muito finas e arranhadas. As calças estavam um nojo, com manchas de sangue.

Minhas mãos e braços estavam como as pernas. As unhas das mãos estavam todas quebradas.

Olhava no vaso sanitário e via o meu cabelo e rosto

disformes no reflexo. Pelas mechas que eu conseguia enxergar, estava tudo desidratado, com pontas para todos os lados.

No alto da cabeça e na nuca sentia coceiras, feridas e muita areia.

Que horas me levariam para o banho?

Passou algum tempo e me trouxeram um suco de caixinha. Que delícia!

Logo me trarão algo para comer! Eu pensei. Passou mais três horas e veio outro suco.

Poxa, que bom. Eu agradeci silenciosamente. Logo me trarão algo para comer, pensei novamente.

Passou mais três horas... e outro suco chegou!

Esse pessoal não tem comida para os presos? Eu estava começando a ficar muito irritada quando me lembrei da voz de minha mãe dizendo: agradeça e ore.

Aí eu me dei conta de quanto eu tinha para ser grata.

Estar na prisão não era o que eu esperava, mas eu estava segura. O perigo havia passado. Eu só precisava acreditar naquele homem que foi um anjo na minha vida, confiar na minha mãe e me entregar a Deus. Era só isso!

Não havia mais correrias no mato, viagens embaixo de bancos em carros entulhados de gente, ameaças e assédios. Ali onde estava eu não tinha comida, não mastigava nada, mas não sentia fome. Os sucos vinham a cada três horas. Pelo menos tinha água na torneira, um vaso sanitário e um lugar para dormir protegida. Era desconfortável e eu estava tão suja, mas, ainda assim, estava segura.

Eu também não sabia se era dia ou noite.

O tempo foi passando, e eu continuava a base de "suquinho", quando comecei a conversar com Deus.

Às vezes, eu conseguia falar de tão de dentro do meu coração que eu tinha a espontaneidade de uma criança. Como se Jesus estivesse sentado ao meu lado naquele cimento duro, me escutando. Eu nunca estava sozinha.

Eu quase podia ver sua túnica de linho cru e suas sandálias. Senti, diversas vezes, um calor como se alguém me abraçasse.

Contei para ele todas as minhas mágoas, meus medos e minhas dúvidas.

E tinha anjos no teto, tinha anjos em todos os cantos. Era assim que eu sentia.

Um belo dia finalmente abriu-se a porta da cela. Havia passado uma semana. Levaram-me para um ônibus, junto de bandidos de verdade. Eles eram gigantes, fortes e me olhavam como se eu fosse um pedaço de carne. Esses selvagens enormes estavam algemados, mas eu tinha a nítida sensação de que iriam se soltar a qualquer momento.

Dois agentes me protegiam. Um ficava na minha frente e outro atrás de mim.

Será que eu iria para o mesmo lugar daqueles homens truculentos?

Comecei a tremer dos pés à cabeça.

Chegamos ao aeroporto de Houston e eu fui a primeira a descer. Entregaram-me a dois agentes - era um homem e uma mulher.

Quando entrei no saguão me lembrei da primeira vez que estive em um aeroporto. Saí do Brasil com os cabelos escovados, perfumada e toda arrumada para ver minha mãe.

Agora estava suja ao extremo, maltrapilha e fedendo insuportavelmente. Parecia uma das mais maltratadas moradoras de rua que você possa imaginar.

Todo mundo me olhava. As pessoas me julgavam, sentiam asco de mim. Era impossível eu não ser notada. Se eu pudesse cavar um buraco e me esconder, eu o teria feito.

Baixei a cabeça, envergonhada.

Lembrava-me de Jesus na cruz. Como deve ter sido difícil o calvário para ele caminhar pelas ruas e ser humilhado pelas pessoas que ele tanto amava - e continuou amando, mesmo depois de tudo.

Quem eu era para julgar os que me julgavam?

Eu, tão imunda, tão miserável, tinha estado com Jesus, filho de Deus, todos os dias da minha vida. Ele me deu esperanças no deserto e me acalmou na prisão. Foi para ele que eu abri meu coração e falei dos meus sonhos e dificuldades.

Naquele aeroporto, com tanta gente chique, eu estava envergonhada, era natural, eu era apenas uma menina.

Mas, no fundo, Deus estava do meu lado, assistindo tudo que faziam comigo.

Agora eu entendia aquele ditado que fala que quando apontamos um dedo para alguém, na verdade, estamos apontando três para nós mesmos.

Porém, há pessoas boas no mundo. Os agentes foram muito sensíveis e me trataram com muita dignidade. Levaram-me para um canto e me perguntaram, em espanhol, se eu estava com fome. Eu, ainda de cabeça baixa, disse que sim. Um deles saiu e eu esperava ansiosamente que ele retornasse com outro suquinho de caixinha.

[1]

XXII

Enfim, um banho!

A agente que ficou comigo me levou até o banheiro para que eu lavasse o rosto. Todas as mulheres que estavam lá saíram apressadas com cara de nojo e reclamando em inglês.

Quando fui me lavar, olhei no espelho e fiquei assustada. Eu era aquele monstro do espelho? Toda suja, com os cabelos grudados? Comecei a chorar.

Eu também teria saído correndo se alguém, com a minha aparência naquele momento, entrasse no banheiro.

A agente pegou um lenço e enxugou minhas lágrimas. Disse que logo eu tomaria um banho e com o tempo esqueceria tudo aquilo. Aconselhou a não ficar magoada e falou que todo esse pesadelo já estava acabando.

Saí do banheiro e várias pessoas estavam aguardando minha saída, do lado de fora, para entrar.

Eu me senti um animal escorraçado.

Ainda chorava de cabeça baixa quando senti um cheiro - que para mim - era de carne frita misturada com outros aromas.

Levantei os olhos aspirando aquele perfume maravilhoso de comida!

Já bem próximo vinha o agente sorrindo com uma bandeja de um restaurante que eu não conhecia, mas bastei comer a primeira vez para saber o porquê eu nunca mais esqueceria essa marca...

O lanche vinha em uma caixinha de papelão e minha primeira reação foi avançar nas batatas fritas ainda quentes.

Era um combo do Big Mac com Coca-cola.

Meus olhos brilharam de felicidade.

A agente sugeriu que eu me sentasse em alguma cadeira para comer, mas eu preferi não sair daquele lugar e me sentei no chão.

O agente masculino então saiu e nos deixou ali por algum tempo. Acredito que ele foi resolver os trâmites do meu embarque.

A agente me olhava com os olhos maternos e me dizia para comer devagar, pois fazia muito tempo que eu não ingeria sólidos e podia passar mal.

Eu estava tão feliz e maravilhada com aquele lanche que tinha um M amarelo na embalagem vermelha.

Agora sim, eu havia chegado aos Estados Unidos, de verdade!

[1]

[1] Combo do Big Mac do McDonald's

O outro agente voltou e não disse nada, apenas vi se entre-olharem com cumplicidade e uma ponta de tristeza, que logo se dissipou com a festa que eu fazia, enquanto comia.

Os agentes sorriam me vendo "destruir" aquele lanche em poucos minutos. Eu estava tão feliz!

Mas, logo o semblante deles se tornou pesado e tenso, ainda quando terminava o último pedaço do hambúrguer e sacudia a caixinha de batatas para ter certeza que não tinha mais nada para comer.

Não consegui terminar o refrigerante e eles me mostraram como jogar o lixo em uma daquelas lixeirinhas e depositar a bandeja em cima dela.

Apesar de se manterem muito simpáticos comigo eles estavam receosos por alguma coisa e eu sentia isso.

Algo de ruim estava para acontecer e essa sensação me fez esquecer o gostoso sabor do lanche que eu havia terminado de comer.

Fomos para uma fila pegar um voo e eles conversavam em inglês. Pelo tom de voz deles realmente alguma coisa não estava bem. Respirei fundo e me preparei para receber alguma má notícia.

A agente então se virou para mim e com lágrimas nos olhos me pediu desculpas em espanhol, mas teria que me algemar. Disse que eles não viam necessidade disso, mas estava atendendo às regras da companhia aérea.

Pronto, pensei eu, agora não serei só uma indigente miserável e desprezível de quem todos fogem por asco. Para essa gente rica vou ser também uma fora da lei de alta periculosidade.

Eu abaixei novamente a cabeça e disse que compreendia. Era o trabalho deles. Enquanto ela me colocava as algemas eu não conseguia segurar as lágrimas. A sensação era como se eu estivesse nua, diante de toda aquela gente.

Entramos no avião e passei por todas as fileiras, sob os olhares incômodos daqueles que nascem nos EUA ou que entraram pela porta da frente.

O meu assento era na última maldita fileira, como se fosse uma espécie de desfile de uma aberração, que no caso, era eu.

Foram três horas de voo até El Paso, mas não vi nada. Durante toda viagem eu permaneci de cabeça baixa só olhando para aquelas algemas, símbolo da minha inferioridade social.

O que mais me aguardava? Não tinha mais notícias da minha mãe. Não sabia se ela estava conseguindo resolver as coisas. Ainda tinha, no fundo, medo de ter complicado a vida dela.

Quando as portas se abriram, descemos e no desembarque duas mulheres me esperavam.

Os policiais as cumprimentaram e se despediram de mim, desejando-me boa sorte.

Senti um frio na barriga, mas elas eram muito hábeis em relacionamento humano e transbordavam de simpatia.

Tive uma sensação agradável de acolhimento, e já sem as algemas procurei esquecer a imagem que tinha visto no espelho.

Enquanto elas me encaminharam para o carro, conversavam comigo e me faziam perguntas sobre minha família e se eu estava bem.

Então, elas me falaram que eu iria para um lugar onde tomaria banho e teria uma cama limpa para dormir, faria cinco refeições por dia.

Naquele momento fiquei saltitante e até me esqueci da minha situação atual.

Só pensava que não passaria mais fome e comeria todos os dias!

Era 07 de julho e eu seria preparada para encontrar minha mãe e me integrar à sociedade novamente.

Mas quem estava por trás disso?

[2]

UM AGRADECIMENTO ESPECIAL À SOUTHWEST KEY ORG

Esta Organização sem fins lucrativos e que sobrevive há mais de 20 anos devido a donativos, acolhe jovens em situação de vulnerabilidade ou em recuperação social e também recebe aqueles que migram ilegalmente para os Estados Unidos.

Quando cheguei lá, recebi roupas limpas e tomei um banho reparador, com água quente!

Finalmente estava me sentindo protegida e começava a resgatar a minha dignidade.

[2] Fonte: https://southwestkey.org/

Agradeço a imensa generosidade dos dirigentes, profissionais, voluntários e doadores.

Sem eles, talvez eu nem tivesse a oportunidade de ter um recomeço nos Estados Unidos e deixar no passado todo o sofrimento que vivenciei durante essa travessia e que se transformou em uma as maiores provações da minha vida.

XXIII

The Brazilian Girl's Mother's here!

(A MÃE DA GAROTA BRASILEIRA ESTÁ AQUI)

Quando cheguei a casa fui diretamente para o banho. Depois disso, me vesti, penteei os cabelos e finalmente me olhei no espelho sem medo.

A Jislaine tinha voltado! Era eu! Eu que refletia nele. Não era um monstro desprezível que assustava mulheres em banheiros públicos e que ameaçava a segurança de voos domésticos e por isso precisava ser algemada. Era apenas uma adolescente inocente e sonhadora que saiu do interior de Goiás e atravessou o continente Americano em busca de sua mãe e seu pai.

Eu ainda não havia alcançado meu objetivo maior, mas algo mudou dentro de mim para todo o sempre, desde o primeiro passo até aquele momento.

Ali, na casa daquela ONG fiquei enclausurada por sete dias. Deram-me várias vacinas e passei por exames.

Os banhos rotineiros duravam apenas dez minutos e tinha sempre uma monitora esperando na porta.

Eu era acordada às 6 h e ficava sentada até às 21 h. Não

podia olhar pela janela nem ir até a porta e fui orientada permanecer quieta e em silêncio todo o tempo.

Nesse período eu fui vigiada 24 h por dia.

Naquela casa encontrei meninas de todos os tipos de índole, das mais recatadas e obedientes a aquelas viciadas em drogas, álcool e sexo.

As honestas e as desonestas. As que tinham sonhos e planos e as que por alguma razão não eram mais capazes de sonhar e se lembrar de objetivos pelos quais lutar e se esforçar.

As que tinham noção de decência e do valor da família e aquelas que viviam perturbadas por demônios.

Mas, de fato, as mais bem intencionadas eram a maioria. Pelo que vivenciei, as que não se enquadravam eram realmente exceção.

Eu saí de lá com a convicção de que, no fundo, o ser humano é mesmo bom e mesmo aqueles que são "do contra", quando têm um encontro com Deus, podem mudar totalmente.

Essa casa de menores tinha regras muito rígidas. Eram muitas meninas, mas eu tive pouco contato com as outras, pois éramos monitoradas todo o tempo.

Nós víamos e presenciávamos algumas coisas, mas falávamos pouco. A disciplina estava em primeiro lugar.

Quando passou o período de "quarentena" eu fiz um teste escolar para saber meu nível de conhecimento.

Vi meninos pela primeira vez quando fui enviada para a sala de aula correspondente com o resultado da prova.

Só tínhamos contato com os garotos na hora das refeições e nas horas de aulas.

Tínhamos café da manhã, almoço, lanche da tarde, janta e, antes de dormir, leite com cereais.

Algumas vezes eu ficava triste, pois era um lugar muito

rigoroso e só falávamos quando éramos perguntados. Isso me deixou um pouco abatida e, passado alguns dias, eu fiquei sem apetite. Uma dúvida ainda persistia: será que minha mãe conseguiria me tirar de lá?

O que fariam comigo se ela não conseguisse?

Eram tantas dúvidas e questionamentos que a vontade de comer não chegava...

Então, vinha uma monitora e me dizia que eu tinha um mínimo de quantidade para comer a cada refeição. Eu me esforçava e fazia de tudo para não ser um problema para eles.

Todos os dias fazíamos uma espécie de meditação em que ficávamos no mais absoluto silêncio por quinze minutos.

Ninguém se atrevia a transgredir as regras, pelo menos abertamente, pois para os mais bem comportados havia passeios, sessões de cinema e picnic.

Esperávamos ansiosamente por isso.

Não podíamos nos comunicar com os outros adolescentes sem autorização. Percebi que um menino me olhava muito e tentava transmitir algo através dos olhos e mímicas na sala, mas eu ignorava.

Um dia em uma atividade recreativa ele me entregou um bilhete. Fiquei paralisada de medo. Eu tinha objetivos muito bem definidos e não estava nos meus planos correr riscos e colocar tudo a perder, justamente agora que parecia faltar tão pouco.

Algumas meninas presenciaram isso e eu sabia, desde quando eu estudava na escola da fazenda de Goiás que tem sempre um espírito de porco no meio da turma.

Eu não iria passar por uma revista e isolamento e talvez até retardar meu processo de liberação por um pedaço de papel do qual eu nem sabia o conteúdo.

Lamentei muito, mas tive que entregar o bilhete à

monitora e caguetar o garoto.

Foi a coisa mais difícil que eu tive que fazer naquela casa.

Sei que isso foi muito mal interpretado pelas outras meninas e fiquei chateada de ser a culpada pelo isolamento dele por alguns dias.

Eu não sabia qual era a realidade de cada um daqueles jovens, mas eu sabia muito bem qual era a minha. Essa era a oportunidade de provar que eu merecia uma chance de apagar todo o passado de ilegalidade.

Eu não ia pôr tudo a perder por um simples namorico sem nenhuma perspectiva de futuro. Não era nada que pudesse justificar, para mim, macular meu histórico. Eu sempre fiz questão de ser uma boa aluna e, até o dia que fugi de casa, nunca tinha feito nada que desagradasse nem envergonhasse meus pais ou avós.

Se eu havia feito uma loucura na minha vida era a de tentar atravessar a fronteira como fiz, mas não foi por pura inconsequência ou para viver uma aventura.

Meu objetivo estava muito bem definido e eu não o havia alcançado ainda.

Além disso, para quem se comportava, todo dia, às 3h da tarde podia receber uma ligação telefônica de dez minutos.

Eu esperava por isso ansiosamente. Todo dia ouvia a voz de minha mãe e ela me dizia para ter paciência que logo estaríamos juntas.

Aquilo era tudo que eu precisava para me encher de coragem e determinação.

Quando já fazia quase um mês que eu estava lá, fui chamada para comparecer em uma sala de reunião.

Lá estava um agente do governo Americano. Ele se apresentou e mandou que eu me sentasse. Meu coração veia à boca. Minha mãe estaria lá me esperando em algum lugar?

Ele percebeu minha excitação e pediu para eu me acalmar, prestar atenção e responder a algumas perguntas.

Adiantou que eu ainda não iria ver minha mãe.

Ele me fez prometer que, ao sair de lá, iria estudar e andar com pessoas decentes. Não me envolveria com drogas ou entorpecentes. Obedeceria minha mãe e seria uma pessoa digna.

Eu respondi prontamente que sim.

Então ele leu um documento e me fez assiná-lo, deixando-me com uma cópia que guardo até hoje.

Os dias que se passaram foram cheios de expectativas e sobressaltos.

Cada vez que um monitor chegava perto de mim eu logo pensava que viria me buscar para ver minha mãe.

De repente, minha mãe parou de ligar. Passaram-se cerca de três ou quatro dias e eu não tinha nenhuma notícia dela.

Minha cabeça encheu de dúvidas e medos. O quê poderia ter acontecido? Será que no final de tudo o governo desistiu de legalizá-la? Eu teria respondido alguma pergunta de forma errada?

De qualquer maneira, continuava fazendo a minha parte no acordo: estava cada dia mais centrada e determinada. Tinha medo de que alguma coisa podia sair errado, era verdade, mas no fundo do meu coração ouvia uma voz que dizia para eu confiar, pois Deus é Fiel.

Trinta e dois dias após a minha chegada, em meio a uma sessão de quinze minutos de silêncio ouvi um rádio transmissor avisar:

- *The Brazilian Girl's Mother's here!*

Eu vibrei por dentro. Sabia que era a minha vez, pois não tinha nenhuma outra brasileira ali.

Fechei os olhos, cerrei os punhos e apertei com toda a

força e me concentrei no silêncio para não pular de felicidade. Continuava calada e o coração saltando de tanta alegria.

Veio uma monitora e me disse baixinho para eu acompanhá-la.

Saí em silêncio e me despedi das outras meninas fazendo mímica.

Levaram-me para uma salinha e me entregaram um artesanato que eu havia feito, U$S 32,00 (era um prêmio diário de U$S 1,00 por dia de disciplina e obediência), um diploma por excelente comportamento e outro por bom desempenho na Educação Física. Devolveram a minha roupa limpa, passada e cheirosa (aquela com a qual eu fiz toda a travessia).

Deram-me também uma sacolinha de pano da Southwest Key Org. Guardei tudo apressadamente e tremendo de emoção. Com a respiração entrecortada, coração na boca e olhos cheios de lágrimas, fui levada até outra sala e finalmente quem estava lá?

Minha mãe!

Depois de nove longos anos e uma viagem desafiadora, estávamos ali, abraçadas finalmente!

Ela estava em choque ainda e não conseguia nem chorar.

Para que eu pudesse morar com ela, teve que resolver várias pendências e tudo foi muito difícil nesse processo. Assim como eu, ela também temia não conseguir me ver novamente.

Eu só chorava. Ela repetia:

- Como você está magra! Como você está magra!

Saímos de lá e fomos até um supermercado. Ela comprou tudo que viu pela frente de doces e guloseimas, iogurtes, pães, sucos e sorvetes.

Encheu a geladeira do quarto do hotel e me fazia comer

toda hora.

Nosso voo para Boston só sairia no dia seguinte e ficamos juntinhas durante toda a viagem.

No final das contas, tinha valido a pena!

Disse-me que minha tia já estava de novo no Brasil e que estava tudo bem com todos.

Meu pai, meus irmãos e avós agora estavam aliviados e tranquilos.

Eu me lembrei de que tinha um pacto com Deus e precisava fazer a minha parte, por isso, escrevi o próximo capítulo...

XXIV

Minha experiência com Deus e uma mensagem para você

Quando eu comecei minha travessia em busca de minha mãe, eu estava com o meu coração seco como o próprio deserto.

Vivi até aquele momento uma espera interminável. Na casa em que eu morava, na fazenda, passava horas olhando para a porta imaginando que a qualquer momento ela ou meu pai viria me buscar.

Esse dia nunca chegou...

Chorei tanto e por tantos anos que meu coração parecia ter se transformado em pedra.

E, muitas vezes, culpei a Deus pela minha pobreza, pelas minhas frustrações, pela falta que minha mãe e meu pai me faziam.

Eu iniciei essa caminhada tão cega de vaidade infantil e ao mesmo tempo tão inocente. Não imaginava nem em meus piores pesadelos que a vida podia ser tão cruel como foi naquilo que eu vivi e testifiquei.

De um lado eu senti e compartilhei a dor e o desespero

de quem atravessa o Grande Rio e do outro fui testemunha da inconsequência. Estive sob a tutela de criminosos para quem a vida humana não representa absolutamente nada, não vale nem sequer um único grão de areia do deserto.

Convivi com pessoas violentas e sem o menor escrúpulo. Fui literalmente um capacho onde muitos pisaram durante a viagem e por pouco, muito pouco, não fui abusada ou assassinada. Deixo aqui meu agradecimento à minha tia que me protegeu de forma tão corajosa.

Tudo aconteceu tão rápido.

Da noite para o dia, a menina mimada, que deixava comida no prato e não gostava de repetir roupas no culto de domingo, passou a devorar e a agradecer por um pedaço de pão mofado ou um resto de comida encontrada no lixo.

Se antes eu reclamava dos lençóis velhos, mas bem cuidados e perfumados, conservados com tanto zelo e carinho pela minha querida avó, depois eu passei a não me importar se teria que dormir estirada no mato em companhia de desconhecidos - todos fedendo e com o estômago roncando de fome.

Se antes eu me mortificava pelas tarefas da casa ou da escola, agora lutar pela sobrevivência tinha virado uma rotina e eu não tinha com quem reclamar.

Tudo que eu via outrora tão grande e pesado, de uma hora para outra parecia assustadoramente leve e prazeroso, exceto o fato de crescer longe dos meus pais.

Eu me lancei rumo ao desconhecido e flertei com a morte.

Consegui atravessar o deserto e Deus tinha um plano para mim, mas eu não sabia disso enquanto eu estava naquele inferno.

E tenho certeza que Deus também tem um plano para você, mesmo que sua vida pareça sem saída e sem sentido nesse momento. Por isso, resista!

O que eu relatei nesse livro é real, aconteceu comigo!

Se você tem um sonho e um propósito, entregue sua vida a Deus, mesmo que você pense que tudo está perdido.

Eu sei como você se sente e posso lhe dizer com toda a certeza de uma sobrevivente do inferno que Deus é por você, como foi por mim - e continua sendo.

Mas, não se arrisque como eu me arrisquei.

Definitivamente esse não é um livro para ensinar ninguém a atravessar ilegalmente a fronteira dos Estados Unidos ou para que seja uma desculpa de alguém se colocar em situações de risco ou perigo, muito ao contrário.

Eu não sei qual é a proporção de pessoas que conseguem chegar aos EUA como eu cheguei - em relação a todas as outras que ficam pelo caminho - mas posso dizer com toda a certeza que de TODAS que iniciaram essa trajetória comigo, eu fui a única.

Por essa razão, não se aventure, não vale a pena desafiar Deus uma vez que eu estou aqui fazendo esse alerta. Talvez eu só tenha sobrevivido para vir lhe contar.

Cada um de nós tem a sua história e tem seu livre arbítrio. E cada ação tem consequências para nós mesmos e para quem amamos.

Imagino como deve ser doloroso saber que alguém que nos é tão caro está morto no deserto. Ou qual o tormento de quem espera por alguém que simplesmente sumiu no caminho, sem deixar rastros, e não há como encontrar. Não sabendo nem por onde começar...

Deve ser desesperador um pai ou um filho levantar todos os dias sem saber se está vivo ou morto alguém tão amado por eles.

E eu fiz minha mãe – e meu pai - passar por isso, durante

mais de quarenta dias.

Agora eu posso abraçá-los e isso, para nós, foi um verdadeiro milagre que foi precedido por anos e anos de sofrimento que poderia ter sido evitado se a gente tivesse aberto há mais tempo o coração para Deus.

Ao contrário disso, escolhemos o caminho que parecia ser mais curto, porém, que se tornou não só o mais longo - e quase interminável - como o mais sofrido também.

Hoje eu olho para os meus pais e vejo como as suas escolhas influenciaram a minha vida e a vida dos meus irmãos.

Assim como também minhas escolhas os feriram (mesmo eu não tivesse consciência do que eu estava fazendo), da mesma forma que eles talvez não tenham tido na época que partiram.

Nem eles e nem eu tivemos noção do peso de nossas ações, quando as praticamos.

Porém, eu não os julgo. E eu parei de me culpar também.

Quando me lembro dos nove anos que passei sofrendo com a ausência deles, penso que tudo foi como tinha que ser, pois Deus tem um propósito para tudo e para todos.

Entretanto, não devemos nos iludir: toda escolha, toda decisão, tem consequências!

Aconteceram coisas na minha vida que deixaram em mim a grande marca da dor.

E eu também feri pessoas que eu amo. É um ciclo.

Eu machuquei meus avós e irmãos porque fugi assim como meus pais me machucaram por não voltarem.

E eu tenho certeza que eles sofreram muito por virem para os EUA da maneira como vieram e por deixar os filhos.

Sei que eles tiveram suas razões. Nenhuma mãe ou pai faz isso à toa.

Quando eu comecei a escrever esse livro eu não era

a mesma Jislaine que sou hoje. Revolver esse passado e criar coragem de publicar minha experiência faz parte da transformação que Deus iniciou em mim quando eu fui abandonada para morrer no deserto, com fome, três dias sem beber uma gota de água.

Deus ainda está trabalhando em mim o perdão e a cada dia ele me liberta um pouco mais dos grilhões que eu mesma criei, quando deixei meu coração e mente vazios e sem esperança.

Depois que me reconciliei com o nosso Criador muitas coisas mudaram, porém, minha odisseia continuou nas terras do tio Sam e ainda contarei como foi minha vida até chegar aos dias de hoje, em um próximo livro.

E como gratidão, pela benevolência Divina, deixo esta última reflexão:

Deus nos chama porque quer cuidar de nós quando estamos assim, sangrando por dentro. Ele só deseja que O busquemos. Ele quer que nos apoiemos nEle, que coloquemos nossa esperança somente nEle.

Enquanto muitos buscam alívio para as suas dores nas drogas e nos prazeres momentâneos da carne, nós temos a chance de conhecermos esse Deus que nos ama tanto e, que por isso nos deu Jesus para sofrer pelos nossos pecados.

O filho de Deus sofreu as nossas dores!

Ele, o nosso salvador, também esteve no deserto.

A bíblia diz que Jesus foi levado no deserto para ser tentado. Ali passou 40 dias sem comer e sem beber. Não pensemos que o deserto foi fácil só porque ele era Deus, pois ele, por amor, viveu essa experiência como homem, 100% humano!

Deus, por nos amar, permitiu que se abrissem chagas no seu filho, e que sofresse esgotamento e fome.

Os desertos da nossa vida são difíceis, e, de vez em quando, podemos nos sentir tão fracos que desanimamos e desistimos da vida, achando que só o nosso deserto é doloroso e real.

Se você vive essa sensação, feche os olhos, respire fundo e sinta a energia do Espírito Santo, ela está sobre você esperando apenas que você a aceite e clame a Deus por ajuda, se abrindo para esse encontro que é único e inesquecível.

Deus é paciente e vai estar ao seu lado, aguardando o momento que você decidir parar de sofrer e permitir ser acolhido e escolhido por ele, mas talvez você esteja cansado demais e confuso demais para perceber que quanto mais cedo você aceitá-lo na sua vida, mais cedo você deixará de sofrer.

Lembre-se, a escolha é sua!

Seja feliz, que o Espírito Santo derrame sobre você e sua família um mar de prosperidade, saúde e felicidade e que Deus faça jorrar esperança nos corações que se tornaram um deserto.

Amém?

Quer me perguntar algo ou contar como foi a sua experiência com a minha história?

Escreva para **afemesalvou@gmail.com**.

Siga-me nas redes sociais:

Facebook: Jislaine Mattei
Instagram: Jishb

Made in the USA
Columbia, SC
17 February 2020